U0347243

超级学习者

[加] 斯科特·H. 扬 著　姚育红 译
Scott H. Young

机械工业出版社
CHINA MACHINE PRESS

图书在版编目（CIP）数据

超级学习者/（加）斯科特·H.扬（Scott H. Young）著；姚育红译. -- 北京：机械工业出版社，2022.2（2023.7重印）
书名原文：Ultralearning
ISBN 978-7-111-59558-8

I. ①超… II. ①斯… ②姚… III. ①学习方法 IV. ①G791

中国版本图书馆CIP数据核字（2022）第020913号

北京市版权局著作权合同登记 图字：01-2021-2316号。

超级学习者

出版发行：机械工业出版社（北京市西城区百万庄大街22号 邮政编码：100037）
责任编辑：李欣玮　　向睿洋
责任校对：殷　虹
印　　刷：保定市中画美凯印刷有限公司
版　　次：2023年7月第1版第3次印刷
开　　本：147mm×210mm　1/32
印　　张：9.375
书　　号：ISBN 978-7-111-59558-8
定　　价：69.00元

客服电话：（010）88361066　68326294

致亲爱的中国读者：

　　希望这本书可以在你的学习之路上
提供有力支持。

　　　　　　　　——斯科特·H. 扬

Best,

Scott Young

这是一本激动人心的书，因为作者用行动证明，只要应用正确的方法并保持充沛的斗志，一个人完全可以实现个人能力十倍级的增长。

——采铜，心理学博士，《精进》作者

我一直认为思想洞察类的学习是基于兴趣、积累突破的，需要比较长时间的思考才能有一个洞察，而斯科特·H.扬的这本书教会我，技能类的学习可以在基本原则的指导下，用高强度的聚焦来快速突破。我从斯科特·H.扬分享和介绍的技能快速学习方法中启发良多，也希望这本书能让更多人成为超级学习者。

——成甲，《好好思考》作者

很多人之所以厉害，是因为他们拥有一套行之有效的学习方法，例如康奈尔笔记法、番茄工作法，等等。斯科特·H.扬和我一样，是一位善于总结、乐于分享的学习高手。在这本《超级学习者》中，他分享了9条对我们很重要却并不容易贯彻的学习法则。提升效率的方法有很多，这本书分享的干货你一定别错过。

——李柘远，超级畅销书《学习高手》作者，
学长 LEO 文教矩阵创始人

斯科特·H.扬之所以被称作"学神"，是因为他有一套超级学习法，这套科学实用的方法如今终于面世。这本书分享了9条学习法则，配合书后的实践记录，让每一位读过这本书的读者爱上学习，学会学习，掌握超级学习法，成为"超级学习者"。

——刘媛媛，抖音大 V

学习如何学习，一定要向学得快还会教的人请教。斯科特·H.扬是学习力领域的实战派，他的这本新书把学习力拆解成了9个要素，可谓学习力的"九阳神功"。

——彭小六，青年畅销书作家，洋葱阅读法
创始人，游戏化课程设计创新教育专家

《超级学习者》总结了9大直接好用的学习原则。遵照这些原则，严格执行，持续学习，你一定可以迈上成长进步的新台阶。

——Scalers，畅销书《持续行动》《刻意学习》作者

很多人离开学校之后，大部分时间被碎片信息占据，学

习和进步陷入了停滞。但实际上，从离开学校、迈入社会的那一刻起，真正的高强度学习才刚刚开始。我遇到的世界级成功人士，无一不是超级学习者。但是怎么学？这本《超级学习者》给了我们答案：从元学习，到专注、反馈、记忆……作者以自己多年的研究与观察为基础，构建了一套科学、系统的学习方法。如果你也想成为超级学习者，这本书值得一读。

——孙思远，远读重洋创始人

斯科特·H.扬是一位超级学习者，挑战很多难度很大的学习项目。他在这本书中把超级学习归纳成一个系统的方法论，让你知道一个超级学习者是如何高效学习的，推荐阅读。

——战隼，知名自媒体 warfalcon 创始人，

100 天行动发起人，时间管理专家

有很多人都想知道，怎样成为一个超级学习者。这本书中的 9 个原则是我在工作中会使用到的，这本书会加速你的职业成长，丰富你的个人生活。

——张萌，畅销书作家，代表作《人生效率手册》

这本书是我读过的关于学习的书中最好的一本，它写得很精彩，讲述很透彻，而且很实用。如果你正在寻找一个神奇的资源以帮助你学习，那么你需要的就是它。如果你想学点什么，帮你自己一个忙，读这本书，现在就读。

——芭芭拉·奥克利（Barbara Oakley），

密歇根州罗切斯特市奥克兰大学工程学教授，

畅销书《学习之道》《学会如何学习》作者

这本书将为你提供我们竞争经济环境中的超能力。读这本书，它将改变你的生活！

——卡尔·纽波特（Cal Newport），麻省理工学院

计算机科学博士，畅销书《深度工作》作者

这本书是帮助你在短时间内掌握复杂技能的无价工具。阅读它，提升你的生活水平！

——克里斯·吉尔博（Chris Guillebeau），

创业家，旅行者，畅销书《魔力创业》作者

一本关于学习的好书。它引人入胜、贴近实际、切实有效，适用于任何想要以自己的节奏学习的人。这本书向你展示了如何超出你想象地高效学习。

——德里克·西沃斯（Derek Sivers），

独立音乐销售网站 CD Baby 创始人，著有

《任何你想要的》（*Anything You Want*）

这是一本引人入胜、鼓舞人心的书。斯科特为更快学习知识或技能编写了一套可操作的黄金策略，帮助你实现你的雄心壮志，实现你的梦想。

——詹姆斯·克利尔（James Clear），美国著名习惯

研究专家，畅销书《掌控习惯》作者

怎样才能比坐着上几年课更快地掌握一门难学的科目？阅读这本书，你将得到关于在有限时间内构建和吸收复杂主题的具体指导。这本书为你提供了一个逐步成为超快速学习者的指南。

——罗伯特·博森（Robert Pozen），麻省理工学院

斯隆管理学院高级讲师

我和斯科特·H.扬从 2013 年年中开始来往。那年 7 月 10 日，我给他发了一封电子邮件，问能否在一个月后与他通个电话。我们几天前在一个会议上见过面，我希望能和他继续聊聊。

他回答："很有可能那时我正在西班牙呢，我将优先进行即将开始的语言学习项目。"

这样的回复，当然情有可原，但不是我所期望的。在国际差旅时接长途电话可能很麻烦，如果斯科特想等到回来后再和我沟通，我也可以理解。然而，我很快发现短期内他不会回来。我们之间的谈话一推再推，既不是因为时间安排有变，也不是因为网络连接不顺畅，而是因为我很难跟上斯科特的节奏，他计划整整一年不讲英语。

X

就这样，我认识了斯科特，并了解了他对超级学习项目的执着。在接下来的一年里，我和他断断续续地通过电子邮件联络。斯科特去了西班牙、巴西、中国和韩国，一路上他都用当地的语言和别人沟通。他的确说到做到：直到2014年，也就是我们初次见面后的第二年夏天，我们才抽出时间叙叙旧，后来，我们每隔几个月就互相聊聊近况。

我一直为与斯科特的通话兴奋不已，主要是出于私心。作为一名作家，我最感兴趣的是挖掘如何科学地培养好习惯，摒弃坏习惯。像斯科特这样完全掌控自己习惯的人，正是我要找的，从他身上，我一定能学到什么。果不其然，在每次的一个小时里，我和他相谈甚欢，每次和他电话聊天，我总能学到新知识。

这并不是说他的见解突然间吸引了我。当我们在2013年的那次会议上见面时，斯科特就已经吸引了我的注意力。2012年，他只用了不到一年的时间，就学完了麻省理工学院（MIT）计算机科学本科四年的全部课程，并通过了所有的期末测试，一举成名。我观看了他的TED演讲，斯科特专门总结了他的学习经验。在见到他之前，我就读了他写的关于学习和自我提高的几篇文章。

着手一个高难度学习项目，比如在一年内学完MIT的本科课程，或者每三个月学习一种新语言，许多人或许只是想一想就会激动万分。当然，我也不例外，这些大胆的学习计划让我心驰神往。不过，斯科特在他的计划中展现的一个特质，在更深的层面上引起了我的共鸣：他偏重采取行动。

这就是我一直欣赏斯科特学习方法的地方，我相信，作为这本书的读者，你也会有同感的。他并非只专注于简单地吸收知识，而更看重学以致用。高强度学习和活学活用是斯科特学习过程的标志。在某种程度上，我很受用这种方法，因为我在自己的生活和事业中采取了类似的学习模式。我人生中那些最有意义的经历都是我刻苦自学的结果。

我当时并不知道"超级学习"这个词，现在我可以说，我第一个超级学习项目是摄影。2009年底，我搬到苏格兰已经几个月了。这是我第一次住在国外，苏格兰高地的旖旎景观，让我不禁想，要是拥有一台像样的相机，那该多好！然而，我没有意料到的是，我深深爱上了摄影。接下来的时光是我一生中最有创造力的时期。

我尝试多种方法学习摄影技巧。我研究著名摄影师的作品集，搜寻拍摄点，并寻找到绝佳的拍照视角。不过，最简单有效的学习方法是拍摄：头一年我拍了10万多张照片。我从没参加过摄影班，也没有读有关摄影的书，譬如如何成为一名优秀摄影师之类，我只是不断地拍摄。"实践出真知"，这种方法在本书我最喜欢的章节之一中有所体现，那一章讲的就是斯科特的第三个超级学习原则：直接。

直接学习指通过直接实践来学习你想学的东西。本

> 被动学习积累知识，主动练习创建技能。

质上，它是指通过主动实践而不是被动学习来达成目的。学习新事物和练习新技能的意思相近，但这两种方法会产生截然不同的结果。被动学习积累知识，主动练习创建技能。

在第 6 章中，斯科特充分阐明并完善了这一观点：直接学习能促进技能发展。你可以阅读关于卧推技术的最佳指导书，但是锻炼力量的唯一方法是练习举重；你可以阅读所有关于销售的畅销书，但真正获得客户的唯一方法是打销售电话。当然，学习有益，但危险的是，吸收新知识与发展新技能有可能脱节。你很可能了解某个专业的所有知识，但仍然缺乏现实生活所需的专业技术，因为你没有实践过。

斯科特明白学习新技能的困难之处。我欣赏他写的书，更敬重他能知行合一——他是自己思想的实践者。这一点的重要性我怎么说都不为过：他说到做到，直接参与实践。许多想法都是纸上谈兵，这些想法理论上说很高明，却被现实击败了。俗话说："理论上，理论和实践没有区别，但在实践中，区别确实存在。"[⊖]

再回过头来谈谈我的摄影技术吧，我的努力终究没有白费，我很快就得到了回报。当然，我先是买了相机。几个月

⊖ 多年来，好几个人曾被传为这句话的说出者。我认为最早的资料来自 1882 年，当时一个名叫本杰明·布鲁斯特（Benjamin Brewster）的学生在《耶鲁文学杂志》上写道："我没有听到更多，因为我迷失在对于沦为'庸俗错误'的受害者的自责中。但后来，我产生了一种挥之不去的疑虑。他清晰的解释除了说明理论上，理论和实践之间没有区别，但在实践中，区别确实存在之外，还能说明什么呢？"

后，我便去了挪威，冒险到北极圈上空拍摄了一张北极光的照片。不久后，我凭借那张北极光照片，闯进了年度旅行摄影师比赛的决赛。这是一个令人惊叹的成果，也证明了通过短暂而高强度的学习，你的确能取得很大进步。

我从未想过从事摄影工作。这只是我为了生活乐趣和个人成就感而尝试的一次超级学习实践。几年后，在我第一次见到斯科特前后，我开始了另一段高强度学习，我心里有一个更加功利的目标：我想成为创业者，我忖度着，写作也许是一条能让我实现梦想的捷径。

又一次，我选择了一个陌生领域，我毫无经验。我家里没有出过创业者，我也只上过一门大学英语写作课。但当我阅读《超级学习者》时，我惊讶地发现，斯科特几乎在逐步揭示我从一个毫无经验的创业者变成畅销书作家的过程。

原则1：元学习——我从研究其他受欢迎的博主和作家开始。借助他们的方法，我制定了一张蓝图，我明白要成为一名成功的作家需要做些什么。

原则2：专注——我几乎从一开始就全职全心全意写作。除了为了养家糊口而做的一些自由职业，我的大部分时间都花在了阅读和写作上。

原则3：直接——我通过写作来学习写作。我为自己设定了一个时间表，每周一和周四写一篇新文章。在头两年里，我写了150多篇文章。

原则4：训练——我系统地分解写作的各个要素，如标题、开头句、过渡句、叙事等，并把每个要素的经典例子放在一起。然后，我开始测试，并提升自己写好"名篇大作"的各个小要素的能力。

原则 6：反馈——我亲自给我的前一万名订阅者发了邮件，向他们问好，并请求他们对我的写作给予反馈。虽然起初读者反馈不多，但他们在一开始教会了我很多。

············

我认为斯科特的方法很奏效。根据他在这本书中介绍的技巧，我能够规划写作生涯，成功开创事业，最终，能够写出一本被载入《纽约时报》的畅销书。当我出版《掌控习惯》这本书时，我忽然发现，这本书竟是我围绕超级学习付诸多年心血的顶峰之作。

当听说有人在一年内写一本畅销书或学习四种语言时，我们也许会自然而然地想："这是神人才能做到的。"非也！

> 快速学会有价值的技能，并不只有天才才能做到，这是任何人都可以享受的学习过程。

快速学会有价值的技能，并不只有天才才能做到，这是任何人都可以享受的学习过程。只是大多数人从来没有尝试过，因为从来没有一本书来告诉他们该怎么做。现在，幸运的是，这本书出版了。

无论出于个人兴趣还是为了职业发展，你都有充分的理由进行超级学习。

首先，超级学习让生活有目标感。发展个人技能意义非凡。毕竟，有一个自己擅长的技能是件开心的事。超级学习是向自己证明，你有能力提高自己，能充分利用自己的聪明才智，让自己的人生大放异彩。超级学习能让你满怀信心，实现自己的雄心壮志。

其次，超级学习的回报很丰厚。事实上，大多数人永远不会认真研究你感兴趣的领域。只要专注于自己的兴趣领域，只用几个月，你就能脱颖而出。一旦你脱颖而出，你就能得到一份更好的工作、争取更高的薪水或更多的自由时间、与更有趣的人交往，你的个人生活和职业生涯也会有所改善。超级学习帮助你挖掘潜能，发挥所长，使之为你所用。

最后，超级学习完全有可能实现。著名的企业家和投资者保罗·格雷厄姆[⊖]（Paul Graham）曾经指出："在许多领域，专注学习一年就足够了。"对一年（或几个月）专注学习获得的成果，大多数人都会惊讶万分。高强度的自学可以让你开发出你从未想过可以发展的技能。超级学习可以帮助你挖掘潜力，所以它值得你尝试。

事实上，尽管我的写作和摄影事业取得了成功，但我起初做这些事时也有点杂乱无章。无论是在学习写作还是摄影时，我虽然既专注又认真，但没有指导或方向，为此我犯了很多错误。我多么希望在写作和摄影的起步阶段就有这本书

⊖ 保罗·格雷厄姆（Paul Graham），"How to Be an Expert in a Changing World"，2014 年 12 月，http://www.paulgraham.com/ecw.html。

作为指导啊！现在，我只能感叹，当初如果提前阅读到这本书，我会节省大量的时间和精力。

《超级学习者》是一本引人入胜、鼓舞人心的书。斯科特为更快学习知识或技能编写了一套可操作的黄金策略。现在，他的努力让你能有所收获。我希望你和我一样喜欢这本书！最重要的是，我希望你把这些策略用在你的生活中，去实现你的雄心壮志，实现你的梦想。钻研斯科特在这本书中分享的学习实例和学习策略，你将收获满满。还等什么呢，赶快行动吧！

詹姆斯·克利尔（James Clear）

目　录
CONTENTS

赞誉

序（詹姆斯·克利尔）

不去 MIT，也能接受 MIT 的教育　/ 1

MIT 挑战　/ 2

三个月学会外语　/ 5

罗杰·克雷格如何通关《危险边缘》　/ 9

从拿最低工资到百万富翁　/ 12

MIT 挑战之后　/ 15

发现超级学习者　/ 21

为什么超级学习很重要   / 25

超级学习的例子   / 27

经济学：平均时代已经终结   / 28

教育：学费太高   / 29

技术：学习的新前沿   / 31

用超级学习加速职业成长，挽救你的职业生涯   / 32

超越事业：对超级学习的呼唤   / 33

与天赋有关？陶哲轩问题   / 35

把天赋放在一边   / 36

安排时间进行超级学习   / 37

超级学习的价值   / 39

怎样成为超级学习者   / 40

成为超级学习者   / 41

初级超级学习者的第一步   / 42

从半决赛到转行   / 45

成为超级学习者的原则   / 47

原则 1   元学习：首先绘制导图   / 51

什么是元学习   / 53

元学习导图的力量   / 54

怎样绘制导图 / 56

确定原因、内容和方式 / 58

回答"为什么而学" / 58

回答"学什么" / 61

用元学习分析来画出学习导图 / 63

回答"如何做" / 64

你应该做多少计划 / 66

原则 2 专注：磨刀不误砍柴工 / 70

问题 1：无法集中注意力 / 拖延 / 74

问题 2：无法集中注意力 / 分心 / 78

问题 3：没有找到合适的专注点 / 84

提高专注力 / 86

原则 3 直接：勇往直前 / 88

直接的重要性 / 91

迁移：教育的污点 / 96

用直接学习法克服迁移问题 / 98

超级学习者如何避免迁移问题直接学习 / 100

如何直接学习 / 102

直接从源头学习 / 106

原则 4　训练：攻克薄弱环节　/ 107

学习的化学反应　/ 110

训练和认知负荷　/ 112

先直接学习再反复训练的方法　/ 113

训练设计策略　/ 114

用心训练　/ 118

原则 5　检索：以测促学　/ 120

拉马努金的天赋　/ 121

测验的效果　/ 122

学习的悖论　/ 125

困难可取吗　/ 126

你应该在开课前就参加期末考试吗　/ 127

应该检索什么　/ 129

如何练习检索　/ 131

重访拉马努金　/ 134

原则 6　反馈：不要回避负面评价　/ 136

信息的力量　/ 138

反馈可能适得其反　/ 139

你需要什么样的反馈　/ 141

关于反馈类型的进一步说明　/ 146

反馈应该多快　/ 147

如何改进你的反馈　/ 149

超越反馈　/ 152

原则 7　记忆：别往漏水的桶里加水　/ 153

奈杰尔·理查兹的秘密是什么　/ 156

为什么记住东西这么难　/ 159

怎样才能不遗忘　/ 164

打赢反遗忘战　/ 175

原则 8　直觉：在形成直觉前要深入思考　/ 177

揭秘费曼的魔法　/ 179

魔术师的脑海里在想什么　/ 182

如何培养直觉　/ 185

费曼技巧　/ 192

神秘的直觉　/ 196

原则 9　试验：跨出舒适区去探索吧　/ 197

凡·高是如何学会绘画的　/ 200

试验是精通的关键　/ 203

三种类型的试验　/ 205

试验的心态　／207

如何试验　／208

试验和不确定性　／213

你的第一个超级学习项目　／216

第一步：做好调查　／217

第二步：安排好时间　／219

第三步：执行计划　／222

第四步：回顾结果　／224

第五步：选择保持还是精通你的所学　／226

超级学习的替代方案：低强度的习惯和正式的

　指导　／229

终身学习　／232

非常规教育　／233

天才养成记　／236

再战卡斯帕罗夫　／238

实验的结果　／240

超级学习者可以培养吗　／241

如何培养一名超级学习者　／242

超级学习原则实践　／245

在家里、学校和工作场所培养超级学习能力　／249

结论 / 254

致谢 / 258

附录　关于我的超级学习项目的进一步
　　　说明 / 260

MIT 课程挑战 / 260

不说英语的一年 / 262

肖像画挑战 / 264

更多挑战 / 265

注释 / 266

不去 MIT，也能接受 MIT 的教育

只剩下几个小时了。清晨的缕缕阳光在我面前闪耀。我瞥了一眼窗外，这是一个清朗的秋日，天气特别好，阳光明媚。要知道，这可是一座出了名的多雨城市。我从大厦 12 楼的有利位置俯瞰这座城市。街上熙熙攘攘，男人们携着公文包，穿着得体，女人们打扮时尚，遛着体形迷你的狗。这是周末前的最后一趟早班车了，它载着疲惫不堪的通勤者不情不愿地来到城里。这座城市很可能刚从睡眠中醒来，但我在黎明前就已经清醒了。

"现在不是做白日梦的时候。"我提醒自己，把注意力转回我面前的笔记本上，上面是草草演算了一半的数学题。"在单位球面上的任一有限区域，证明 $\iint_R \mathrm{curl} F \cdot \hat{n} \, \mathrm{d}S = 0$。"这是

MIT 的多元微积分练习。期末考试很快就要开始了，我没有时间准备。"什么是旋度（curl）？"我闭上眼睛，试图在脑海中把问题图像化。我知道有一个球体。我的脑海里浮现出一个明亮的红色球，飘浮在虚无的空间里。$\hat{n}$ 是什么？$\hat{n}$ 代表法线，我提醒自己，$\hat{n}$ 指的是一个直接从球面伸展出来的箭头。红色球变得毛茸茸了，整个球面都竖起了细微的向量。那么旋度呢？我想象着，旋度变成了浩瀚大海中跳动的一波又一波的小箭头。旋度标志着旋涡，它绕着圈打转。我又想起了我那毛茸茸的、带静电的红色小球。我进一步推理，我的绒毛球的球面没有旋涡，所以肯定没有任何旋度。我该如何证明呢？我草草写下了一些微分方程式。好吧，最好再检查一下。虽然我脑海中的方程式很清楚，但对将符号代入计算我没有把握。没有多少时间了，我必须争分夺秒。我需要在期末考截止日期之前尽可能多地练习。

对于 MIT 的学生来说，这一切都司空见惯。复杂的方程式、抽象的概念和复杂的求证过程，是这所以数学和科学教育闻名于世的大学的标志。不过，我不是麻省理工学院的学生，事实上，我从来没有去过马萨诸塞州。我在 4000 公里之外的加拿大温哥华的卧室自学。一个 MIT 的学生通常会花一个学期时间全面学习多元微积分知识，但我在 5 天前才刚刚开始接触这些。

MIT 挑战

我从来没有去过 MIT。我在曼尼托巴大学学习商科，这是一所我能负担得起学费的加拿大中等学校。获得商业学士学位后，我觉得自己好像选错了专业。我想成为一名企业家，因此学习了商业，我认为这是自己当老板的最佳途径。四年后，我发现，商科专业毕业，只是进入一家大公司的敲门砖，之后你就像那些穿着灰色西装的职场新人一样，在公司按部就班，每天打卡，走标准化的流程。相比之下，计算机科学才是一个能让你做出东西来的专业。我对程序、网站、算法和人工智能感兴趣，这也是我想创业的领域，我一直在绞尽脑汁地想我该为之做些什么。

或许，我可以回归校园，再次入学，再花四年时间攻读第二个学位。但是想到要申请学生贷款，花上将近五年时间去重复经历大学的那些官僚做派和规则，我顿时兴趣索然。我想，我一定有更好的方法来学习我感兴趣的东西。

大约在那个时候，我偶然在网上搜到了 MIT 的一门课。它提供了完整的课程体系、作业和小测验，甚至还有附带解答的模拟现场考试。我决定试着选修这门课。令我吃惊的是，我发现这个课程比我花了几千美元在大学上的大多数课程都好。授课内容表述雅致，教授讲课引人入胜，教学材料丰富多样。再深入研究，我发现这并不是 MIT 唯一的免费公开课程。MIT 上传了数百个不同课程的资料。我很好奇，这是否能满足我的学习需求呢？既然可以免费学习部分 MIT 课程，那么我是否有可能学习拿到相应学位的整套课程内容？

我将这个学习计划命名为"MIT 挑战"，为期六个月的高强度调研由此拉开序幕。我查了一下 MIT 为计算机科学本科生开设的课程，并将这个课程列表与 MIT 在网上提供的资源进行了比对。不幸的是，说起来容易做起来难。虽然 MIT 在其开放式课程平台上上传了课程资料，但其网络课程不能用于代替学生到校上课。有些课程平台上根本就没有提供，需要用其他课程替换掉。一些课程资料太少了，我甚至怀疑自己是否能完成课程。必修课程之一的计算结构（computational structures）没有录播课，也没有指定的教科书，该课程教授学生如何使用电路和晶体管从零开始造一台计算机。为了学习这门课的内容，我必须自己解读幻灯片上的抽象符号。缺少学习材料，再加上模棱两可的评估标准，这意味着完全按照 MIT 学生的方式来上课是不可能的。然而，一个更简单的方法可能会奏效：试着通过期末考试。

我主要关注两个方面：期末考试、课程中的编程项目。这两个标准构成了 MIT 学位的骨架，涵盖了我想要学习的大部分知识和技能，没有任何花架子。没有强制性的出勤政策，作业没有截止日期。期末考试可以在我准备好的时候进行，如果我有一次考试不及格，可以重新测试一次。虽然一开始我觉得网络课程有劣势，因为我没有直接去过 MIT，但我现在突然觉得，这变成了优势：我可以用很少的成本和时间，来达到近似一个 MIT 学生的受教育水平。

为了进一步探索这种可能性，我用这种在线学习方式完成了一门测试课程。我没有去听预先安排好的课程，而是以比平常快两倍的速度观看下载的课程视频。我没有按部就班地完成每一项教学任务，然后等上几个星期才知道结果。我边学边就材料上的内容进行检测，一次只测一道题，这样我很快就能从错误中吸取教训。用这些方法，再加上其他摸索，我觉得我可以在短短一周的时间里勉强通过一门课。从最乐观的角度来看，增加容错空间，我认为在一年内学习剩下的 32 门课程是可能的。

虽然这始于个人追求，但我逐渐意识到，我的学习小目标还有更大的意义。科技的发展使我们可以随时随地学习，学习变得比以往任何时候都要便捷。尽管如此，学费却在与日俱增。四年大学学习换来的学位曾经是找到一份体面工作的保证，现在，获得学位几乎只是迈出了一小步。世上最好的职业需要你具备高超的技能，而这无法一蹴而就。不仅是程序员、经理、企业家、设计师、医生和几乎所有其他职业人员，都在迅速提高对所需知识和技能的要求，许多人都在努力跟上前进的步伐。在我的内心深处，我不仅对计算机科学感兴趣，还想看看是否有一种新方法能让我掌握工作和生活中所需要的技能。

当我把注意力再次转移到窗外时，我想到了这一切是如何开始的。我在想，如果不是三年前在另一个大陆上偶然遇到了一个热情洋溢、滴酒不沾的爱尔兰人，我可能根本不会去尝试这个古怪的小实验。

三个月学会外语

"我不是对法国人有意见，只是对巴黎人如此。"本尼·刘易斯（Benny Lewis）在巴黎市中心的一家意大利餐厅向我发牢骚。刘易斯是个素食主义者，在一个以鞑靼牛排和鹅肝闻名的国家里，要招待好他并不容易。他正吃着一盘香辣番茄斜管面，这是他在意大利一家青年招待所工作时最喜欢吃的食物。刘易斯说着流利的法语，并不在意当地人是否听到了他的抱怨。他的不满源于在巴黎一家工程公司当实习生的经历，那一年他过得特别沉闷乏味。他发现自己很难适应巴黎——这座法国最大城市出了名的苛刻的工作要求和繁杂的社交生活。不过，他想，他或许不应该太挑剔。毕竟，正是这段经历让他放弃了工程师的职业生涯，转而周游世界，学习各国语言。

和刘易斯初识时，恰逢我的人生低谷，我十分沮丧。那时我作为交换生住在法国。我曾满怀希望地离开家，希望一年交换生项目结束时，我能轻松地学会法语，但事情似乎并没有如此进展。我的大多数朋友包括法国朋友都用英语和我交谈，我开始觉得一年似乎不够用。

我向一个从加拿大来的朋友抱怨这种情况，他告诉我，他听说有个人从一个国家旅行到另一个国家，挑战在三个月内学会一门语言。"这不可能啊。"我嘀咕着，心里却嫉妒得不得了。在这里，我经过好几个月的磨炼尚且很难与人用法语交谈，而这个家伙仅仅三个月后就开始挑战只用新语言与人交谈了。尽管我半信半疑，但我明白，我需要见一下刘易斯本人，看看他是否能为我学习语言指点迷津。我先是给他发了一封电子邮件，然后乘坐火车出发，就这样，我和刘易斯相见了。

"心里永远都要有挑战。"刘易斯滔滔不绝，谈着他给我的人生建议。午餐后，他带着我游览巴黎市中心，他之前对巴黎的不满慢慢淡化，他的态度开始变得柔和起来。我们从巴黎圣母院走到卢浮宫，一路上，他都在怀念他在这个城市的那些旧时光。后来我发现，他观点鲜明、激情四射，他有强烈的学习热情，乐意参与雄心勃勃的学习挑战。这也让他惹上过麻烦。刘易斯曾被巴西联邦警察局拘留，起因是一名移民官员拒绝给他的签证延期，而后他便在外面对朋友用葡萄牙语咒骂这名移民官，碰巧被她听到了。更具有讽刺意味的是，他被拒签的原因，是这名移民官员不相信他能在这么短的时间内就如此流利地说葡萄牙语，所以怀疑他在旅游签证到期之后，会试图非法移民到巴西。

我们继续走着，到了埃菲尔铁塔前的空地上时，刘易斯阐述了他的学习方法：从第一天开始就开口讲外语；不要害怕和陌生人说话；可以从一本常用语手册开始，正式学习留到以后再做；使用视觉助记法来记忆词汇。让我印象深刻的不是他的方法，而是他运用这些方法时的勇敢无畏。当我胆怯地试着学点法语，担心说错话，担心我的词汇量不够而感到尴尬时，刘易斯却无所畏惧，他直接加入和当地人的对话中，给自己设置看似不可能完成的挑战。

这种方法让刘易斯获益匪浅。他已经精通西班牙语、意大利语、盖尔语、法语、葡萄牙语、世界语和英语，他最近在捷克共和国待了三个月，他的捷克语已经达到了会话水平。我最感兴趣的是他最近的挑战项目：三个月学会一口流利的德语。

严格地说，这不是刘易斯第一次学德语。他在中学上了五年的德语课，之前曾两次短暂访问德国。然而，像许多在校学外语的学生一样，学习多年的他仍然不会开口交流。他尴尬地承认："我很想说德语，但实际情况是我甚至不会用德语订早餐。"尽管如此，相比从零开始学习德语，十多年前的课程积累起来的德语知识，让他在面对挑战时能更轻松一点。为了提高难度，刘易斯决定提高标准。

通常情况下，刘易斯会挑战自己在三个月后达到某一语言的 B2 水平。B2 水平相当于六个等级（A1、A2、B1、B2，依次类推）中的第四等级，是欧洲共同语言参考框架（CEFR）中的中上等，要求说话者"以相当流利、自然的方式与母语人士进行交流，而且双方都不会感到紧张"。然而，为了挑战德语，刘易斯决定去参加最高等级的考试：C2。这一水平代表你完全掌握了这门语言。要达到 C2 水平，学习者必须"轻松地理解听到或读到的几乎所有东西，自发、流利、准确地表达自己，即使在最复杂的情况下也能区分细微的差别"。负责管理该考试的歌德学院（Goethe-Institut）建议，要达到这一标准，至少需要接受 750 小时的教学，不包括课外的大量实践。[1]

几个月后，我收到了刘易斯关于他挑战德语学习项目的信。他差一点就达成了通过 C2 考试的目标。他通过了考试的五项标准中的四项，但没有通过听力理解测试。他自责道："我花了太多时间听收音机，我应该多做一些更有效的听力练习。"三个月的强化训练后，尽管他没能达到说一口非常流利的德语的目标，但是已经非常接近这个水准了。在我第一次见到这位会说多种语言的爱尔兰人之后的七年里，他继续在几个国家尝试他为期三个月的挑战，现在他的语言技能中增加了阿拉伯语、匈牙利语、汉语（普通话）、泰国语、美国手语，甚至克林贡语（《星际迷航》发明的语言）。

我当时没有意识到，但现在明白了，刘易斯的成就并不罕见。仅在语言能力方面，我就遇到过会说 40 多种语言的超级多语言者，接触几个小时后就能说一门新语言的爱冒险的人类学家，还有许多像刘易斯这样的旅行者，他们拿着一个又一个旅游签证，掌握了新的语言。我还发现，积极自学带来的惊人成果不仅仅局限于语言方面。

罗杰·克雷格如何通关《危险边缘》

"《桂河大桥》是什么？"罗杰·克雷格（Roger Craig）匆匆在屏幕上写下了答案。尽管一开始把电影片名的最后一个词读得有些蹩脚，但克雷格的答案是正确的。他一举赢了 77 000 美元——《危险边缘》（Jeopardy，一档智力竞赛电视节目）中的单日最高奖金，创下了当时的历史纪录！克雷格的胜利不是侥幸。他后来再次打破纪录，累计赢了近 20 万美元，创下了五连胜的最高纪录。这样的成绩本身就很了不起，但更令人难以置信的是他获得成功的方法。回想那一刻，克雷格说："我的第一个想法不是'哇，我刚刚赢了 77 000 美元'，而是'哇，我的网站真的很好用'。"[2]

你如何准备一个可能考任何问题的考试？这是克雷格在准

备比赛时面临的基本问题。《危险边缘》以用鸡毛蒜皮的小问题难倒观众而闻名——从丹麦国王到达摩克利斯，任何问题都可能会问到。一般获得《危险边缘》冠军的都是什么人呢？他们往往头脑聪明、无所不知，他们花了一生的时间积累了海量知识，对任何话题都能给出答案。为了参加《危险边缘》而学习，你可能会觉得，这项任务是不可能完成的，因为你需要去学习几乎所有领域的知识。克雷格的解决方案是重新思考如何获取知识。为此，他建立了一个网站。

克雷格说："每个想要在这个智力竞赛中获胜的人都会去提前练习。你可以随意练习，也可以有效练习。"[3]为了积累所需的各个领域的知识，有朝一日打破纪录，他决定对自己获取知识的方式进行严格的分析。作为一名计算机科学家，他决定从每期直播的《危险边缘》智力竞赛节目中下载成千上万的问题和答案。在几个月的空闲时间里，他就这些问题对自己进行了测试。当他要上电视的时候，他积极地对自己进行全天的密集测试。然后，他使用文本挖掘软件将问题分类成不同的主题，比如艺术史、时尚和科学。他使用数据可视化工具描绘出自己的优势和劣势。文本挖掘软件将不同的主题分开，他将其可视化为不同的圆圈。图中圆圈的位置显示了他对这个话题的了解程度——越高就意味着他对这个话题了解得越多。圆圈的大小表明了这个话题出现的频率。更大的圆圈表明这个话题出现得更频繁，因此可选择进一步练习。尽管节目中的问题多样，随机性较大，但他还是发现了隐藏的模式。节目中的某些线索是"双倍积（扣）分制"，选手有可能将分数翻倍，也可能会将分数全部输掉。这些极有价值的线索似乎是随机放置的，但克雷格在电脑上动动手指点击鼠标，就可以分析在整个《危险边缘》的节目档案中，这些线索大致会出现的区域。选手可以通过在不同的主题类别之间来回作答，专注于有效线索来进行"双倍积（扣）分题"的训练，摒弃传统练习方式，即坚持回答完一个类别内的所有问题。

克雷格还发现了问题类型的趋势。尽管《危险边缘》智力竞赛节目可以就任何话题向你提出问题，但节目的设计是为了娱乐国内观众，而不是挑战竞争对手。根据这一推理，克雷格发现，他可以心存侥幸只研究某个类别中最著名的小问题，而不是深入研究任何特定的方向。如果主题是一定的，他知道问题大概率会针对其最有名的例子。通过分析自己在这类问题上的弱点，他能知道自己需要在哪些方面加强积累才能更有竞争力。例如，他发现自己在时尚方面很弱，于是就集中精力更深入地研究这个话题。

分析自己的研究内容只是第一步。从那时起，克雷格使用了间隔重复软件来最大化提高记忆效率。间隔重复软件是一种先进的记忆卡算法，起初由波兰研究员彼得·沃伊尼亚克（Piotr Woźniak）在 20 世纪 80 年代开发出来。[4] 沃伊尼亚克的算法优化了需要复习的材料以帮助人们记住知识点。面对一个庞大的事实数据库，大多数人会忘记他们首先学的是什么，需要一遍又一遍地提醒自己才能记住。该算法通过计算回顾每个知识点的最佳时间来解决这个问题，这样你就不会浪费精力过度钻研相同的信息，也不会轻易忘记学过的知识。这个工具使克雷格能够有效地记住他需掌握的各种知识，让他在后续的竞赛中大获全胜。

尽管《危险边缘》智力竞赛节目每天只播出一集，但它一次录五集。在连续赢了五场比赛后，克雷格回到了酒店，无法入睡。他说："你可以模拟这个游戏，但你不能模拟我的成功——在一个从你 12 岁就开始想参加的游戏节目上，在五小时内赢下 20 万美元，并创造单日纪录。"[5]结合非传统的战术和积极的数据分析，他赢了这场比赛。

罗杰·克雷格并不是我发现的唯一一个因为积极自学而改变自己命运的人。2011 年，也就是我开始 MIT 挑战项目那一年，埃里克·巴隆（Eric Barone）开始了他自己非常感兴趣的学习项目。与我不同的是，他的努力要持续近五年，需要掌握许多完全不同领域的技能。

从拿最低工资到百万富翁

从华盛顿大学塔科马校区毕业并获得计算机科学学位后，埃里克·巴隆想，现在我可以小试身手了。他决定自己制作电子游戏，在他找到一份带薪的编程工作之前，这是一个不错的机会。他已经有了灵感。他想制作《丰收物语》（*Harvest Moon*）游戏的升级版。《丰收物语》是一款迷人的日本系列游戏，玩家必须在其中成功创建一个农场：种植庄稼、饲养动物、探索乡村，并与其他村民建立关系。"我喜欢这个游戏，"

他谈到了他童年时玩这个游戏的经历，"但它本可以做得更好。"他知道，如果他不坚持自己的设想，升级游戏版本就永远不会成为现实。

开发一款从商业角度赢利的电子游戏并不容易。AAA 级游戏公司在顶级游戏上投入了数亿美元并雇用了数千名员工。游戏开发需要编程、视觉艺术、音乐作曲、故事编写、游戏设计和其他技能，这取决于所开发的游戏类型和风格，需要来自多个领域的人才。比起音乐、写作或视觉艺术等其他艺术形式，小团队需要的技能广度让游戏开发更加困难。即便是很有天赋的独立游戏开发者，通常也需要与其他人合作才能掌控所需的所有技能。然而埃里克·巴隆决定独自一人，完全投入到开发属于自己的游戏之中。

基于对自己愿景的憧憬以及自信，他决定独自开发游戏，他相信自己能完成游戏项目。他解释说："我喜欢完全掌控自己的想法，在设计上找到与我完美契合的人是不可能的。"然而，这一选择意味着他需要精通游戏编程、音乐作曲、像素艺术、声音设计和故事编写。埃里克·巴隆创业之旅的艰辛在于，他要做的不只是游戏设计，他还需要精通游戏设计的各个方面。

像素艺术是巴隆最大的弱点。这种艺术风格可以追溯到早期的电子游戏时代，当时速度缓慢的电脑很难支持图像呈现。像素艺术不是用流畅的线条或逼真的纹理完成的。相反，一张惹人注目的图像只能通过放置像素（组成计算机图形的彩色点）来创建，且一次只能放一个像素，这是一项艰苦卓绝的工作。像素艺术家必须通过彩色方块来传达动作、情感和生活。巴隆喜欢涂鸦和画画，但这并不能令问题迎刃而解。他必须"完全从零开始"学习这项技能。要把他的绘画技巧提升到商业水准并不容易。"大部分作品我都重复了3～5遍。"他说，"对于人物肖像，我至少做了10次。"

巴隆的策略简单且有效。他通过直接处理自己想要在游戏中使用的图像进行练习。他对自己的作品进行评价，并将其与他所欣赏的艺术作品进行比较。他解释说："我试图科学地分解它。当欣赏其他艺术家的作品时，我会问自己'我为什么喜欢这个，我为什么不喜欢那个呢'。"他阅读像素艺术理论书，并学习相关课程来填补知识空白，同时加强实践作为补充。当他在像素艺术上遇到难题时，他会把问题分解为"我想达到什么目标""我该怎么达到目标"。在制作这款游戏的过程中，他一度觉得自己使用的颜色太过沉闷乏味。"我想让这些颜色流动起来。"他说道。于是他又去研究了色彩理论，并深入研究了其他艺术家，看看他们如何使用色彩使物体在视觉上变得生动有趣。

像素艺术只是巴隆必须学习的一个方面。他还为自己的游戏创作了所有音乐，并多次从头开始重新制作，以确保游戏质量符合他的高期望。当游戏机制未能满足他的严格标准时，一开发出来就被立即报废。直接练习和重做的过程让他在游戏设计的各个方面都取得了稳步的进步。尽管这延长了完成游戏所需的时间，但这也让他的成品能够与众多专业美术人员、程序员和作曲家所共同创造的游戏相媲美。

在历时5年的开发过程中，巴隆没有去找专业对口的计算机程序员的工作。"我不想卷入复杂的事务，"他说，"我没有那么多时间，我想要尽我最大的努力开发游戏。"他在一家剧院当引座员，拿着最低工资，这样就不会太分心。他从工作中赚取的微薄收入，加上他女朋友的支持，使得巴隆既能够专注投入于自己痴迷的事业，也可以勉强度日。

巴隆投入的大量热情与心血很快就结出了硕果。巴隆于2016 年 2 月发布了游戏《星露谷物语》（*Stardew Valley*）。很快，这款游戏上线，并出人意料地大受欢迎，在电脑游戏平台Steam 上的销量超过了许多大工作室的游戏。巴隆估计，《星露谷物语》在多个平台上发行的第一年便卖出了 300 多万份。在几个月的时间里，他从一名拿着最低工资的不知名设计师变成了《福布斯》游戏开发 "30 Under 30"（30 岁以下 30 位俊杰榜单）人物之一的百万富翁。在掌握相关技能方面，他的执着起了不小的作用。美国游戏评论资讯网这样评论《星露谷物语》：这些艺术品 "乖巧可爱、魅力无限、令人难以置信"。[6]巴隆对自己构想的愿景倾情投入，积极自学，这让他取得了丰厚回报。

MIT 挑战之后

我回到狭小的公寓里，给微积分考试评分。考试很艰难，但看起来我已经通过了。我松了一口气，但还没到放松的时候。下周一，我将重新开始一门新的课程，而我还需要坚持将近一年。

随着时光流逝，我的策略也改变了。此前，我尝试在几天内完成一门课程，现在我花一个月的时间同时完成三到四门课程。我希望自己可以在更长的时间期限内进行拓展学习，以避免很快就遗忘学习过的材料。当进步显著时，我就会放慢速度。刚开始的几节课我都是急匆匆地完成的，这样我就能按部就班地在自己设定的最后期限前完成所有课程。差不多胜券在握时，我从每周学习 60 个小时调整为每周学习 35～40 个小时。最终，在 2012 年 9 月，在我开始上课不到 12 个月后，我完成了最后一门课的学习。

这个学习项目的完成过程让我大开眼界。多年来，我一直认为深度学习的唯一方法就是努力完成学业，但我现在意识到这种假设是错误的，学习这条道路可以更有趣、更令人兴奋。在大学里，我常常感到窒息，在无聊的课堂上努力保持清醒，在繁忙的作业中刻苦学习，强迫自己学习并不感兴趣的东西，只是为了取得分数和毕业证。但这个计划是我自己的愿景和设计，所以即使经常面临挑战，我也很少感到痛苦，反而充满活力、兴奋不已，而不是如同做着乏味的家务。我有生以来第一次感到，只要有正确的计划，再加上努力，我可以学习任何我想学的东西。可能性是无穷无尽的，我开始想转向学习一些新东西。

不久后，我收到朋友发来的一条信息："你知道吗，你上了 Reddit（新闻网站红迪网）的头条。"他们在网上找到了我的学习项目，进行了激烈的争论。有些人欣赏这个方法，但怀疑它的实用性："令人遗憾的是，雇主不会把这当作学位来对待，即使他拥有的知识与毕业生一样多（或更多）。"一位自称是某软件公司研发主管的用户不同意这种说法："这才是我想要的那种人，我真的不在乎你有没有学位。"[7]争论越来越激烈。我到底学习完了课程没有？这种学习能确保我得到一份程序员的工作吗？为什么要在一年内完成呢？我难道是疯了吗？

最初的轰动过后，我陆续收到了一些邀约。微软的一名员工想为我安排一次工作面试。一家新成立的公司邀请我加入他们的团队。中国的一家出版社和我签订了一项出书协议，让我向饱受困扰的中国学生分享一些学习技巧。然而，这些并不是我实践这个计划的原因。作为一名在线作家，我已经很开心了，因为在我的整个项目中，这份工作给了我经济上的支持，而且会继续让我衣食无忧。我这个项目的目标不是找一份工作，而是看看我还能做什么。在完成我的第一个大项目几个月后，关于新项目的想法已经在我的脑海里冒了出来。

我想到了本尼·刘易斯，他是我在这个高强度自学的奇妙世界里的第一个榜样。听从他的建议，我的法语终于达到了中级水平。这并不轻松，因为我刚到巴黎时周围是一群说英语的人，我没办法坚持用法语交谈。后来我能学会法语，并且日常交流不成问题，我深感自豪。在完成 MIT 的学习项目后，我获得了在法国不曾有过的自信。如果我不犯上次犯的错误，结果又当如何？如果我没有先去结交说英语的朋友，选择在法语达到一定水平后再努力从那个朋友圈中跳出来，而是上来就模仿本尼·刘易斯，从第一天就投入直接浸入式学习，那会怎么样呢？如果我能拿出挑战 MIT 的无畏与果敢，尽可能高强度、高效率地优化学习一门新语言，我能学得多好？

　　幸运的是，那时候我的室友正打算回研究生院读书，想先休息一段时间，出去旅行。我们都一直在攒钱，如果我们集中资源，节省旅行开支，也许在旅行中可以干一番事业。我向他讲述了我在法国的经历，包括怎么学习法语，以及原本怎样做可以让自己学得更好。我告诉他，我刚到法国时，加入了一个"不必说法语"的社交圈子，后来才知道要打破这个圈子是多么困难。如果你希望自己有足够多的练习机会，就不应该给自己留退路。如果你从下飞机的第一刻起，只用你要学习的那门语言交谈，又会怎么样？我朋友对此心存疑虑。他和我住在同一间公寓，曾见证我一年内学完 MIT 计算机专业课程的壮举，但他还是觉得我当时学疯了，而且他对自己的能力没什么信心。他不确定他能不能做得到。要是我对他不抱有任何成功的期望，他倒是愿意试一试。

　　我和朋友把这个学习项目命名为"不讲英语的一年"（The Year Without English）。我们去四个国家，每个国家待三个月。在每个国家的计划都很简单：从第一天开始，不许说英语，无论是彼此之间还是和我们遇到的任何人。届时，我们可以看到，在我们的旅游签证到期，我们不得已奔赴下一个新的目的地之前，我们能学到多少东西。

　　我们的第一站是西班牙的瓦伦西亚。我们刚在机场着陆就遇到了第一个麻烦。两个漂亮的英国女孩向我们走来问路。我们面面相觑，假装自己不会说英语，笨拙地挤出了一点我们知道的西班牙语。她们听不明白我们的意思，有点儿恼火，又问了一次。我们又结结巴巴地说了些西班牙语，她们以为我们真的不会说英语，只好沮丧地走开了。不讲英语似乎带来了意想不到的后果。尽管开头不顺利，但我们的西班牙语能力增长得甚至比我预期的还要快。在西班牙待了两个月后，我们就可以用西班牙语进行交流了，那两个月我们语言能力的进展甚至比我在法国待上一整年的进步还要明显。我们早上会去找老师，在他家里学习一会儿，然后在剩下的时间里和朋友出去玩，去餐馆聊天，享受西班牙的阳光。尽管我的朋友之前疑虑重重，但他也开始接受这种新的学习方法。虽然他不像我那样积极地学习语法和词汇，但在我们在西班牙的最后时刻，他也无缝地融入了西班牙语的世界。这种方法的效果远远好于我们的预期，我们现在都对它坚信不疑。

我们继续旅行，去了巴西学葡萄牙语，去了中国学普通话，去了韩国学韩语。事实证明，亚洲语言要难学得多。开始准备时，我们以为这些语言只会比欧洲语言难一点点，结果却发现难很多。虽然我们竭尽所能地遵守"不讲英语"的规则，但有点力不从心。在中韩两国短期停留后，虽然我们的普通话和韩语没有达到和其他语言一样的水平，但结交朋友、旅行、和人们谈论各种话题已经绰绰有余。到了年底，我们可以自信地说，我们会说四种新的语言了。

看来这个方法不仅适用于学习计算机科学，还适用于语言学习项目。慢慢地，我确信它可以被应用于更多的领域。我小时候很喜欢画画，但就像大多数人一样，我画的肖像看起来都很别扭和做作。我一直钦佩那些能很快地画出肖像的人（无论是街头漫画家还是专业肖像画家）。我想知道，用学习 MIT 课程和语言的方法来学画画行不行，这个方法是否也适用于艺术学习。

　　我决定花一个月的时间来提高我的肖像素描能力。我意识到，我遇到的最大困难是如何勾画好面部特征。例如，画人脸时一个常见的错误就是把眼睛画得过高。大多数人认为眼睛位于头部上方 2/3 的位置，但事实上，它们一般位于头顶到下巴的中间。为了避免这些失误和其他偏差带来的影响，我照着图片画肖像素描。然后我会用手机拍下素描图，把原始图像覆盖在我的画上。把图片调整成半透明可以让我立刻看到我画的头部是太窄还是太宽，嘴唇是太高还是太低，或者我是否把眼睛画到了正确的位置上。我这样操作了数百次，采用在 MIT 课程挑战中的快速反馈策略，见效非常快。将这个做法和其他策略综合运用起来，我能够在很短的时间内画出更好的人物肖像了（见下图）。

发现超级学习者

从表面上看，本尼·刘易斯的语言学习、罗杰·克雷格的无所不知和埃里克·巴隆艰难的游戏开发历程三者完全不同。然而，它们背后有共同的内核，我称之为超级学习。[⊖] 随着研究的深入，我发现了更多超级学习者的故事。尽管他们在学习细节和原因上有所不同，但他们有一个共同的主线：追求极致、自学，并使用类似的策略来顺利完成学习目标。

史蒂夫·帕夫林纳（Steve Pavlina）是一个超级学习者。通过优化大学课程安排，他得以选修了三倍于标准的课程，并在三个学期内获得了计算机科学学位。帕夫林纳的挑战早于我的 MIT 课程挑战项目，他是最先启发我去压缩学习时间的人。帕夫林纳就读于北岭加州州立大学，当时还没有免费在线课程，他获得了计算机科学和数学两个学位。[8]

戴安娜·詹塞卡雷（Diana Jaunzeikare）开始了一项超级学习项目，目标是通过自学达到计算语言学博士项目的所有培养目标。[9]为达到卡内基－梅隆大学博士项目的要求，她要一边上课，一边进行原创研究。她启动这一自学项目的原因是，如果她选择去读全日制的博士学位，她将不得不离开她热爱的谷歌的工作。像在她之前的许多超级学习者一样，詹塞卡雷的项目是为了填补正规的教育形式与她的生活方式不适应所造成

⊖ 从术语上讲，超级学习这个词最早是卡尔·纽波特（Cal Newport）使用的。我在他的网站上写了一篇关于我最近完成的 MIT 挑战项目的文章，他给这篇文章起的标题是《10 天掌握线性代数：惊人的超级学习实验》。

的教育缺口。

在网络社区的帮助下，许多超级学习者匿名学习，他们的努力只有在无法核实的论坛帖子上才能看到。中文论坛（Chinese-forums.com）上就有这样一位网名为塔姆（Tamu）的用户，他详细记录了自己从零开始学习中文的过程。在四个多月的时间里，他"每周花 70~80 个小时"挑战自己，通过了汉语水平 HSK 5 级考试，即达到了第二高的级别。[10]

另一些超级学习者则完全抛弃了考试和学位的常规教育结构。特伦特·福勒（Trent Fowler）从 2016 年初开始，努力了一年，目的是精通工程和数学。[11] 他把它命名为"STEM 朋克计划"，他想要掌握 STEM（即科学（Science）、技术（Technology）、工程（Engineering）和数学（Mathematics））领域以及复古未来主义蒸汽朋克美学。福勒把他的项目分成几个模块。每个模块涵盖了一个特定的主题，包括计算机、机器人技术、人工智能和工程学，但这些模块的学习由实践项目驱动，而不是照搬常规在校课程。

我遇到的所有超级学习者都风格迥异。有些人，比如塔姆，更喜欢用繁重的全日制计划来强加给自己苛刻的期限。像詹塞卡雷这样的其他人，在做全职工作的同时，利用业余时间进行超级学习项目。有些人的目标是通过标准化考试、学会正式课程或赢得比赛等；有些人设计的项目简直让人耳目一新；另有一些人专注于语言或编程；还有一些人则希望成为真正的博学多才者，掌握各种各样的技能。

尽管风格各异，但超级学习者也有很多共同的特点。他们通常独立学习，经常刻苦钻研数月或数年，偶尔在博客上公开自己的学习成果。他们最初是因兴趣才这么做，后来逐渐趋于痴迷。他们积极优化学习策略，参加深奥概念的激烈辩论，如交错练习、水蛭阈值或关键词记忆术。最重要的是，他们求知若渴，强烈的学习动机推动着他们去完成高强度的项目，即使常常得不到学位，甚至可能不被认可。

> 他们求知若渴，强烈的学习动机推动着他们去完成高强度的项目。

　　我遇到的那些超级学习者，他们之间并不熟识。写这本书时，我观察到，他们的超级学习项目和我的超级学习项目都遵循一些共同原则。我想把这些原则综合起来，撇去所有表面上的差异和奇特的个人风格，看看还剩下什么学习建议。我也想从极为成功的例子中总结出一些规则，这对普通学生或专业人士可能会有用处。即使你还没有准备好着手我所描述的超级学习项目，在认知科学研究的指导下，你仍然可以借鉴超级学习者的经验调整自己的学习方法。

　　尽管超级学习者也许是一群不一般的人，但是这种学习方法能让普通人和学生获得启发。如果你可以创建超级学习项目来快速学会某项技能，从而有能力承担新角色、开启新项目甚至新职业，会怎么样呢？如果你能像埃里克·巴隆一样掌握一项重要的工作技能呢？如果你能像罗杰·克雷格一样无所不知呢？如果你能学会一门新的语言，拿下大学学位，或者精通某项你现在认为不可能掌握的技能，又会有什么样的奇迹发生呢？

　　超级学习并非易事。一开始会困难重重、令人沮丧，需要学习者跨出舒适区。然而，你能取得的卓越成就，完全值得你为之付出努力。让我们花点时间来研究一下超级学习到底是什么，以及它与最常见的学习和教育有何不同。然后我们就可以审视所有学习背后的原则，看看超级学习者是如何利用超级学习原则提高学习效率的。

为什么超级学习很重要

超级学习到底是什么？虽然我是从一些不太常见的成功例子开始介绍超级学习者这一类集大成的高强度自学者，但要继续深入研究，我们需要一个更简洁的概念。这里有一个不太完美的定义。

超级学习：一种获取技能和知识的策略，既是自主自发的，又是紧迫激烈的。

首先，超级学习是一种策略。策略不是给定问题的唯一解决方案，但它可能是一个很好的解决方法。策略往往适合于特定情况，而不是所有情况，所以使用它们是一种选择，而不是命令。

其次，超级学习是自主自发的。你要自己决定学习什么，为什么而学。完全自主学习的人也可能认为，上一所特定的学校才是最好的学习方法。同样，你也可以按照教科书上的步骤自学一些东西，不需要操太多心。自主自发取决于在项目中什么处于主导地位，而不是在哪里学习。

最后，超级学习是紧迫激烈的。我遇到的所有超级学习者都采取不同寻常的方法来最大限度地提高他们的学习效率。无所畏惧地尝试说一门刚刚开始练习的新语言，系统地钻研成千上万的琐碎问题，反复改进作品直到完美，这是一项艰苦的脑力劳动，你会感觉自己似乎已经逼近了用脑极限。与之相反的是为了乐趣和便利而学习：因为觉得有趣去学习一门语言，练习口语表达；不得已观看电视上的智力节目重播，以免在参加节目时被问题绊住，显得傻里傻气；只是随意玩玩，而不是认真地练习。这种高强度的、紧迫激烈的学习方式可能会让你进入一种愉悦的心流状态，在这种状态中，你专注于挑战的体验，甚至忘记时间。在超级学习项目中，深入且有效地学习是重中之重。

这个定义涵盖了我迄今为止讨论过的所有例子，但在某些方面它过于宽泛。我遇到的那些超级学习者有更多共同特质，而不是这个简单定义所描述的那样。这就是为什么在本书的第 2 章，我将讨论超级学习中普遍存在的更深层次的原则，以及它们如何造就非凡的学习成果。然而，在此之前，我想解释为什么我认为超级学习很重要——尽管超级学习可能看起来比较不同寻常，但这种学习方法带来的好处的确名不虚传。

超级学习的例子

很明显，超级学习是不容易的。你不得不从繁忙的日程中抽出时间来做一些事情，你会精神紧张、情感压抑甚至身体吃不消。你将被迫直面挫折，不能退而求其次，不能回到舒适区。考虑到这些情况，我认为有必要清楚地说明，为什么你应该认真考虑超级学习项目。

第一个原因是，超级学习项目能加速你的职业成长。为了谋生，你已经投入了很多时间和精力。相比之下，即使你暂时选择全日制学习作为超级学习的方法，也不过是笔小投资。然而，快速掌握硬技能对你影响甚大。你在工作中经年累月的拼搏，到目前为止充其量只是功绩平平。无论你是想更换职业，接受新的职业挑战，还是加速成长，超级学习都是一个强有力的工具。

第二个原因是，超级学习项目能丰富你的个人生活。我们当中有多少人梦想过演奏乐器，说外语，成为厨师、作家或摄影师？人生的高光时刻并不来自简单易行的事情，而来自终有一天你重新发现了你的潜力，你不再畏首畏尾，你拥有了相信自己一定能行的信念。通过超级学习，你能掌握新技能，从而收获极大的满足感和自信。

超级学习背后的动机是永恒的，让我们从这里开始谈起吧，为什么投资快速学会硬技能的学习艺术，对你的未来至关重要。

经济学：平均时代已经终结

用经济学家泰勒·考恩（Tyler Cowen）的话说，"平均时代已经终结。"[1]在他的同名书中，考恩表述了这一观点：由于电脑化、自动化、外包和区域化的普及，人类越发认识到，在我们生活的这个世界，优者愈优，强者愈强。

推动这种效应的是所谓的"技能极化"。"众所周知，美国的收入不平等在过去几十年里一直在加剧。"然而，这种统计忽略了一个更微妙的存在。MIT的经济学家戴维·奥托尔（David Autor）指出，收入不平等情况其实有两种不同的表现：顶层的不平等程度上升，底层的不平等程度下降，而并非不平等程度的全面上升。[2]这与考恩的平均时代结束的论点相吻合，中等收入人群在这个趋势中要么被压缩到底部，要么上升到顶部。奥托尔证实了技术在这种两极分化中起的作用。计算机化和自动化技术的进步意味着许多中等技能的工作岗位——文员、旅行社代理人、簿记员和工厂工人——已被新技术取代。取而代之的是新的工作——要么是高技能的工作，如工程师、程序员、经理和设计师；要么是低技能的工作，如零售工作人员、清洁工或客户服务代理人。

计算机和机器人技术带来的这种趋势在全球化和区域化中得以加强。随着中等技能工作被外包给发展中国家的工人，这些岗位在发达国家正逐渐消失。通常需要面对面接触，或涉及文化或语言能力方面社会知识等的低技能工作，可能会保留下来。由于需要与管理和市场相协调，高技能工作更不容易被转移到海外。想想所有苹果手机上的标语："加州设计，中国制造。"设计和管理留在国内，制造业外派。区域化是这种效应进一步延伸的结果，某些表现出色的公司和城市对经济产生了巨大的影响。像香港、纽约和旧金山这样的超级明星城市对经济有主导作用，因为公司和人才聚集在这里，近水楼台先得月。

这种社会现象呈现出的画面究竟是暗无天日还是充满希望，取决于你对它做出的回应。视之黯淡，是因为这意味着，许多根植于我们文化中的关于如何过上成功的中产阶级生活的假设，正在迅速消散。随着中等技能工作的消失，仅仅接受过一些基础教育的人，想凭借日复一日努力工作就飞黄腾达，只能是痴心妄想。因此，你需要成为高技能人才，不断学习，否则你终会被挤到技能要求较低的最底层。然而，在这令人不安的图景之下，还有一丝希望。因为如果你能掌握快速有效学习新技能的秘密武器，你就能在这个新环境中更有竞争力。经济形势正在发生变化，这也许不是我们任何人可以控制的，但我们可以通过积极学习所需的硬技能，未雨绸缪，来思考我们的应对措施。

教育：学费太高

由于社会需要大量高技能人才，因此社会对大学教育的需要也与日俱增。但大学并没有为所有人提供平等接受教育的机会，相反，读大学已经成为一个沉重的负担，飞涨的学费甚至会让大学毕业生背负上几十年的债务，这已经成为一种新常态。学费的增长速度远远快于通货膨胀率，这意味着除非你能够把接受的教育转化为大幅增长的薪水，否则可能不值得花这么多学费。[3]

最好的学校和机构也并不能确保教授们能教授新的高技能工作所需的许多核心职业技能。高等教育传统上是塑造思想、培养品质的，但这些崇高的目标似乎越来越与应届毕业生面临的基本经济现实脱节。因此，即使是那些上了大学的人，在学校也没有培养出所需的技能，实现其雄心抱负。当你有心重返校园却无力负担学费时，超级学习可以填补其中的一些空白。

日新月异的专业领域也意味着专业人士需要不断学习新的技术和能力，以保持与时俱进。重返校园对某些人来说是一个选择，但对大多数人来说根本不现实。谁能把自己的生活搁置多年，转而埋头苦读？况且重返校园学习能否真正帮助他们应对职业境况还是个未知数。超级学习是个好选择，因为它完全由学习者主导，时间灵活，以不变应万变，能准确定位你需要学习的东西，既不浪费时间也不浪费精力。

> 超级学习是个好选择，因为它完全由学习者主导，时间灵活，以不变应万变，能准确定位你需要学习的东西，既不浪费时间也不浪费精力。

最终，超级学习是否能取代高等教育并不重要。在许多职业中，拥有学位不仅仅是加分项，还是硬性要求。医生、律师和工程师都需要正式的证书才能开始工作。然而，这些专业人士离开学校后并没有停止学习，因此自学新科目和新技能的能力仍然是不可或缺的。

技术：学习的新前沿

新技术是把双刃剑，既是好事，也是坏事。久而久之，我们或许会越来越懒惰，因为很多知识信息现在可下载、可携带、可社会传播。信息泛滥导致我们注意力涣散，自以为是，愈发自欺欺人。在这个时代，我们既面临隐私危机，又面临政治危机。然而，这些危机带来考验的同时，也带来了机遇。对于那些懂得如何智慧地运用技术的人来说，这是有史以来，最容易自学到新知识的时代。只要有设备和互联网，任何人都可以免费获取大量信息，比亚历山大图书馆有过之而无不及。哈佛大学、麻省理工学院和耶鲁大学等顶尖大学都在网上免费发布它们最好的课程。在线论坛和讨论平台的出现，让你甚至不用离开家就可以参与小组学习。

除了这些新优势之外，软件还能加速学习过程。就学习一门新语言而言，比如中文，半个世纪以前，学习者需要查阅笨重的纸质词典，阅读简直成了一场噩梦。今天，学习者已经有了辅助记忆词汇的间隔重复系统、点击一个按钮就可以翻译的文档阅读器、提供无尽练习机会的大量播客库，以及帮助学习者顺利过渡到浸入式学习的翻译应用程序。技术的快速变化意味着有更多全新的学习方法有待开发和运用于学习已有的知识体系。学习的可能性空间是巨大的，等着雄心勃勃的自学者去开发。

不过，超级学习不需要新技术。正如我将在接下来的章节中讨论的那样，这种做法有着悠久的历史，据说许多名人都曾用不同方式这么做过。然而，技术为创新提供了不可思议的机会。还有很多学习方法有待我们探索。也许借助合适的创新技术，某些学习任务可以变得更为简单，甚至不需要再去学习。富有进取心和效率意识的超级学习者将是第一批掌握它们的人。

用超级学习加速职业成长，挽救你的职业生涯

经济中技能两极分化的趋势、飞涨的学费和新技术都是全球面临的趋势。但是对于个人来说，超级学习到底是什么样的呢？我认为，这种快速获得硬技能的策略主要适用于以下三种情况：加速你的职业成长，转到新的职业，以及在竞争激烈的世界中获得潜在优势。

你肯定想知道超级学习能如何促进你现有的职业生涯发展，我们以科尔比·杜兰特（Colby Durant）为例吧。大学毕业后，她开始在一家网络开发公司工作，但她想更进一步，获得提拔。她参加了一个超级学习项目来学习网页文案写作。在主动向老板展示她的文案写作能力后，她得到了晋升。通过选择一项有价值的技能，攻克它，精通这项技能，你可以加速自己的职业发展。

知识或者技能欠缺往往是你向想从事的职业过渡的主要障碍。例如，维夏尔·麦尼（Vishal Maini）在科技领域干着营销工作，他觉得自己干得不错，还比较满意，但他更憧憬着有朝一日能参与人工智能开发和研究。不幸的是，这需要一套精深的技术技能，他还没有获得。通过一个为期 6 个月的精心超级学习项目，他获得了足够强的技能，并顺利转换职业领域，在梦寐以求的领域找到了工作。

最后，超级学习项目可以帮助你提升你在工作中积累的其他技能和资质。戴安娜·芬森菲尔德（Diana Fehsenfeld）在她的家乡新西兰当了多年图书管理员。面对政府支持经费的削减和她所在领域的快速科技化，她担心自己的专业知识可能不足以跟上形势。因此，她参加了两个超级学习项目，一个是学习统计学和编程语言 R，另一个是学习数据可视化。她从事的行业急需这些技能，加上她是图书管理员的工作背景，她的职业生涯最终柳暗花明。通过超级学习项目提升的职业技能可谓功不可没。

超越事业：对超级学习的呼唤

超级学习法是应对不断变化的世界的有效技能。快速学习硬技能的能力将变得越来越珍贵。无论你能将这一能力开发到什么程度，你都要尽你所能去发展，即使前期需要一些投资，都是值得的。

　　我所见过的超级学习者，包括那些最终从他们学会的新技能中赚到最多钱的人，很少是受到事业上成功的驱使。相反，驱使他们采取行动的是他们想做真正想要做的事。这种强烈的好奇心，甚或是挑战本身才是推动他们前进的动力。埃里克·巴隆一心一意发展自己爱好的事业，其初衷并不是为了成为百万富翁，而是想从打拼完全符合自己愿景的事业中获得满足感。罗杰·克雷格并非想上《危险边缘》智力竞赛节目赢得奖金，他上节目竞争擂主不过是因为他自己从小就喜欢看这个电视节目。本尼·刘易斯学习语言并不是为了成为一名专业翻译，或者成为一个受欢迎的博客作者，而是因为他热爱旅行，乐于与路上遇到的人攀谈。最厉害的超级学习者，是那些把学习技能的实用性与激发自身灵感结合在一起的人。

　　超级学习还有一个额外的利好，这个利好甚至超过了你用超级学习法学到的硬技能本身。成功做成了某些很难的事情，尤其是那些需要学习新东西的事情，可以扩展一个人的自我定义。它给你信心：你可以做你以前不可能做到的事情。在完成 MIT 的超级学习挑战项目后，我觉得自己对数学和计算机科学的兴趣加深了，甚至觉得没有什么是不可能做到的：既然我能做到这一点，我还能做什么以前我不敢尝试的事情呢？学习的核心是拓宽视野，看到以前看不见的东西，认识到自己内在的，但此前你未曾发现的潜能。超级学习项目学习强度高，精力投入大，没有比发掘自身可能性更大的动力了。如果你采取正确的学习方法，你能学到什么？你会成为谁呢？

与天赋有关？陶哲轩问题

陶哲轩很聪明。2 岁时，他已经学会了阅读。7 岁时，他开始上高中数学课。17 岁时，他完成了硕士论文，论文的标题是"由右单基因核和调和核生成的卷积算子"。随后，他获得了普林斯顿大学的博士学位，获得了令人垂涎的菲尔兹奖（有些人称之为"诺贝尔数学奖"），被认为是当今最优秀的数学人才之一。尽管许多数学家都是顶尖的专家——如同一种罕见的兰花，只在数学树的某一特定分支上茁壮成长，但陶哲轩与众不同。他经常与数学家合作，并在其他跨专业领域做出重要贡献。他的一位同事将他的这种神奇能力比作"一个卓越的英语小说家突然写出了权威的俄罗斯小说"。[4]

更重要的是，对于陶哲轩的成就似乎没有一个明显的解释。当然，他少年老成，但他在数学上的成就并非来自专横父母的强迫学习。他的童年是和两个弟弟一起玩，用家里的拼字板和麻将牌做游戏，画幻想地形的想象地图，都是一般孩子的普通游戏。他似乎也没有特别创新的学习方法。正如他在《纽约时报》上的简介中所写的那样，他并没有特别费力，完全靠的是智商，以至于在博士毕业前，又回到了"惯常的备考策略：最后一刻集中学习"。尽管他在达到自己领域的顶峰后不再采用这一方法，但他长时间轻松完成课程的事实表明，他拥有超高的智商，而不是某种独特的策略。"天才"这个词用得太随便了，但对陶哲轩来说，这个称号当之无愧。

陶哲轩和其他天赋异禀的学习者对超级学习的普适性提出了一个重大挑战。如果像陶哲轩这样的人，无须积极主动学习，也不用使用创造性的学习方法，就能取得如此大的成就，我们为什么要费心去调查其他令人钦佩的学习者的学习习惯和方法呢？即使刘易斯、巴隆或克雷格的技能成就没有达到陶哲轩的高度，但或许他们的成就也是归功于某种常人所缺乏的潜在才智。如果真是这样，超级学习可能是值得研究的有趣领域，但不是可以复制的成功方法。

把天赋放在一边

天赋起什么作用？当智慧和天赋的阴影笼罩在我们头上时，我们如何考察一个人成功所必备的要素呢？对于那些只想提高学习能力的普通人来说，像陶哲轩这样的故事又意味着什么呢？

心理学家 K. 安德斯·艾利克森（K. Anders Ericsson）认为，只要进行特定类型的训练，就可以练就成为专业表演者所必需的大多数特质，身高和体型等无法改变的先天特征除外。其他研究人员对人类本性的可塑性并不乐观。许多人认为，我们的智力很大一部分，也许是大部分，是由基因决定的。如果智力主要取决于基因，为什么不用这个来解释超级学习，而是鼓励我们使用超级学习者的有效方法或策略呢？陶哲轩在数学上的成功似乎不能轻易复制，那么为什么要假设一些超级学习者与他不同呢？

我倾向于折中主义。我认为天赋是存在的，而且它们无疑会影响我们所看到的结果（特别是在极端的层面上，如陶的例子）。同时，我认为策略和方法也很重要。在这本书中，我将介绍这门科学，即如何改变学习方式来提升你的学习效率。无论你迟钝或是聪明，只要运用得当，每一条原则都将使你成为一个更有效的学习者。

因此，我会在这本书中讲述学习事例，其目的不是试图确定某人学业成功的唯一原因是什么，因为这不太可能，而且没什么用处。相反，我将用事例说明和区分哪些是你可以采纳的最实际有用的方法，来帮助你提高学习效果。我提到的超级学习者是一个范例，你可以利用它来了解如何在实践中应用相关原则，但我不能保证你可以通过同样的努力获得同样的结果。

安排时间进行超级学习

到目前为止，在阅读此书的过程中，你脑海中可能出现的另一个疑问是，你如何找到时间来进行这些高强度学习项目。你可能会担心这个建议不适用于你，因为你已经有了工作、学业或家庭义务，无法全身心投入到全职学习中。

然而，实际上，这都不是问题。即使你不得不应付生活中的其他任务和挑战，"超级学习"的理念也有三种主要的用武之地：新的业余学习项目、假期学习，以及重新设想现有的学习项目。

第一种方法是利用业余时间进行超级学习项目。在项目中投入了大量时间的超级学习者学习最有成效，最令人钦佩。假设效率相同，每周花 50 个小时在一个学习项目上所取得的成就，比花 5 个小时完成的学习内容肯定要多。因此，通常，最令人赞叹的超级学习者都有严苛的时间表。虽然这有助于超级学习，但当你在进行自己的超级学习项目时，这实际上是不必要的。超级学习战略的核心是强度和优先考虑效率的意愿。是全日制学习还是每周学习几个小时，完全取决于你自己。我将在第 10 章中讨论这个观点：就长期记忆而言，分散安排时间学习甚至可能更有效。无论你何时在这本书中读到密集的日程安排，你都可以自由地根据自己的情况来调整它，采用更悠闲的节奏，同时采用更严谨、高效的策略。

第二种方式是在工作或者学业空档期进行超级学习项目。我采访的许多人都是在暂时失业、职业转型或休假期间进行项目学习。虽然这些都不是很可靠的计划，但如果你知道自己将有一段这样的休息时间，那么突击式的学习对你来说就是完美的。这是我挑战 MIT 课程的动力之一：当时我刚刚毕业，延长我的学生生活一年比延长四年要容易得多。如果我今天不得不做同样的项目，我可能会花更长的时间，因为我现在已经工作了，只能在晚上和周末做，不像是从学校到工作过渡的时期，那时候我可以灵活安排时间。

第三种方法是将超级学习原则与你已经投入的学习时间和精力相结合。考虑下你最近读过的一本商业书，或者想一想你试图学习西班牙语、陶艺或编程的时刻。可以是为了让工作更加得心应手而需要学习的新软件，也可以是为了获得专业发展认证而需要进行的网络学习。超级学习不一定是额外的活动，它可以帮助你在已经花在学习上的时间里收获更多。怎样才能把你需要做的学习、研究与超级学习原则结合起来，从而实现效率最大化？

就像在天赋那一节所讲述的一样，不要让个别极端的例子妨碍你应用同样的原则。我与你分享的所有内容都可以定制或融入现有的内容中。重要的是高强度、主动性和对有效学习的坚持，而不是时间表上的所有细节。

超级学习的价值

高效获得硬技能的能力非常宝贵。不仅如此，目前经济、教育和技术领域的发展趋势，使有硬技能的人和没有硬技能的人之间的差距日臻加剧。然而，在这个讨论中，我忽略了一个最重要的问题：超级学习可能是有价值的，但它是可学习的吗？"超级学习"只是对那些具有异乎寻常禀赋的人的一种描述吗？还是说，它意味着以前不是超级学习者的人也可能会变成超级学习者？

怎样成为超级学习者

"我想成为实验对象。"这是来自特里斯坦·德·蒙特贝洛（Tristan de Montebello）的一封邮件。七年前（我认识挚友本尼·刘易斯也差不多是在那时候），我第一次见到这位迷人的音乐家兼企业家。他是位美法混血，顶着一头乱蓬蓬的金发，留着短胡子，看上去经常在加利福尼亚海岸线上冲浪。只要你一见到德·蒙特贝洛，你就会喜欢上他：他自信满满，但又脚踏实地。他一口纯正的英语讲得流利完美，你几乎听不出法国口音。多年来，我们一直保持着联系，我一直在做奇特的学习实验，他在世界各地奔波。他曾经在一家定制羊绒衫的巴黎初创公司工作，之后做过吉他手、流浪汉，最后又到洛杉矶做网络顾问，那里离海滩更近，非常适合他。他听说我现在正在写一本关于学习的书，表示很感兴趣。

收到他这封邮件时，我已经见过几十位超级学习者并记录了他们的经历，尽管他们无一例外取得了特别而有趣的学习成就，但我真正见到他们都是在他们学有所成之后，也就是说，我所做的只是对成功者的观察，而非催生出成功的实验。因此，很难确切地说出这个超级学习法到底有多有效、多可行。毕竟，如果你过滤掉足够多的鹅卵石，你肯定也能多多少少找到一些金子，对吧？我是否也在做同样的事情，寻找不寻常的学习项目？筛选足够多的人，你一定也会找到一些了不得的人。如果超级学习的效果诚如我想象那般好，那是不是在我观察到学习结果之前，也就是在他或她尝试一个学习项目的过程中能找到他或她会更好？为了验证这一点，我招募了一个大约12人的小组（大部分是我博客的读者），他们都颇感兴趣，愿意试试这个超级学习项目。其中就有德·蒙特贝洛。

成为超级学习者

"也许我可以试试钢琴？"德·蒙特贝洛提议。虽然他对超级学习的概念很感兴趣，但他不知道自己想学什么技能。他弹过吉他，还是一个乐队的主唱。以他的音乐背景，学习弹钢琴似乎是一个相对安全的选择。他甚至还开设了一门在线教授吉他的课程，所以学习另一种乐器也会扩大他的业务。我有点私心，鼓励他试着去学习他的舒适区之外的东西。一个音乐家拿起另一种乐器似乎不是研究超级学习是否可以广泛应用的理想案例。我们提出了更多的方案。一两周后，他决定尝试公共演讲。因为他的音乐家背景，他有登台的经验，但除此之外，他几乎没有演讲的经历。他认为，公开演讲也是一项实用的技能，因此，即使努力没有带来什么值得关注的成果，提高演讲水平也是值得的。

德·蒙特贝洛的个人动机是希望自己擅长公共演讲。他一生中只做过几次演讲，而且大部分都是在大学里。他给我举了一个例子，当时他在巴黎的一家网页设计公司给十几个人做演讲："每次回想起来我都觉得很丢脸。"他解释道，"我感觉到我在讲一些没有关联的东西。我讲的许多内容都让他们感到无聊。有些笑话我会笑，因为我觉得很有趣，但其他人不会啊。"作为一名登台经验丰富的音乐家，他很惊讶在公共演讲中"能被传递的信息这么少"。不过，他还是承认，擅长公共演讲，有一些潜在的学习价值。他觉得"公共演讲是一种元技能"。这种技能可以帮助提升其他技能：自信、叙事、写作、创造力、面试技巧、销售技巧，涉及很多不同的领域。考虑到这些，他开始进行这个超级学习项目。

初级超级学习者的第一步

德·蒙特贝洛选定了他的超级学习项目——公共演讲，但他不确定自己应该如何学习。他决定参加一个国际演讲会的会议，国际演讲会是一个学习公共演讲的组织。他遇到了两件幸运的事。一件是迈克尔·詹德勒（Michael Gendler）也出席了他第一次参加的那次国际演讲会。詹德勒是一个颇有经验的演讲大师。德·蒙特贝洛的个人魅力和对公众演讲的执着，使詹德勒乐意在他进行学习项目的过程中提供帮助指导。第二件事是德·蒙特贝洛当时完全没有想到的：在世界演讲锦标赛截止日期前十天，他出现在赛场上。

世界公共演讲锦标赛是国际演讲会每年都会举办的一项比赛，会员们以淘汰制进行比赛，从演讲俱乐部开始选拔，然后晋级到越来越大的组织单位进行选拔，直到选出少数人进入最后决赛。德·蒙特贝洛只有一周多一点的时间来准备。尽管如此，这场比赛还是为他的超级学习项目提供了一个潜在的蓝图，他坚持了下去，在接下来的一周完成了六场强制性的资格演讲，最后一场也在关键时刻完成了。

德·蒙特贝洛练习演讲几近痴迷，有时一天练习两次。他把每一次演讲都录了下来，并着魔似的分析其中的瑕疵。每次演讲，他都会寻求反馈，也得到了很多意见。他的教练詹德勒把他远远赶出了他自己的舒适区。有一次，当德·蒙特贝洛面临两个选择：要么完善现有演讲稿，要么从零开始撰写一篇全新演讲稿，他问詹德勒该怎么做。詹德勒的回应是：做对他来说最可怕的事。

詹德勒无情的鞭策把德·蒙特贝洛推向了不寻常的高度。他参加即兴表演课程来训练即兴演讲。通过课程，他学会了一定要相信自己头脑中的所有东西，并且毫不犹豫地说出来。这样他就不会结结巴巴地说不出话来，也不会害怕在台上僵到不知所措。他和一位在好莱坞当导演的朋友聊了聊并获得了导演对他演讲的反馈。这位导演教德·蒙特贝洛用不同的方式做了几十次演讲——愤怒的、单调的、尖叫的，甚至像一首说唱，然后再回去看看他正常的声音有什么不同。德·蒙特贝洛表示，这帮助他摆脱了"恐怖谷"的困扰。"恐怖谷"指的是他在正常演讲时感觉有些不自然。

　　另一位有戏剧背景的朋友教给他一些登台表演的技巧。他带领德·蒙特贝洛完成了演讲，并展示了如何在舞台上用动作传递出每个单词和句子。德·蒙特贝洛不再是在聚光灯下局促地站着，他现在可以优雅大方地移动身体，用他的身体语言传达信息。他甚至去一所中学做了演讲，因为他知道七年级的学生会给出最真实的反馈。在经历了在演讲会之外的恐怖轰炸之后，他学会了在上台之前与他的观众交谈：了解他们的语言和情感，并与他们建立联系。这样一来，他就可以应用他目前为止所学到的知识，随时修改自己的演讲内容，他的演讲肯定会吸引到新听众。最重要的是，詹德勒无情地鞭笞着他。詹德勒在听了德·蒙特贝洛的一次演讲后告诉他："你首先得让我在乎你。我理解为什么这对你很重要，但观众并不关心你。你得让我在乎你。"通过各种各样的建议和大量的实践，德·蒙特贝洛汲取了经验和教训。他摆脱了早期在舞台上的笨拙无助，变得自信大方。

　　一个月后，德·蒙特贝洛在地区竞赛中脱颖而出，击败了一位有 20 年演讲经验的竞争对手。他也赢得了地区和分区比赛。终于，在他第一次尝试公开演讲不到 7 个月后，他准备参加世界锦标赛。他说："每年大约有 3 万人参加比赛，我非常自信，我是历史上跑得最快的演讲选手，因为如果我晚 10 天开始，我就不可能参加比赛。"最终，他进入了前 10。

从半决赛到转行

"当我开始这个项目时，我就知道它会对我产生巨大的影响，"德·蒙特贝洛在他进入国际竞赛前 10 名的几个月后告诉我。"这确实改变了我的生活。我没想到它会改变我的生活。"进入世界锦标赛的决赛是一段漫长的旅程，但直到后来，他才开始意识到自己学到了比演讲更多的东西。"表面上看来，我学习的仅仅是公众演讲，但在那之后，我意识到我花那么多功夫在这些技能上的额外收获：善于叙事、更加自信、乐于沟通。"

德·蒙特贝洛在演讲比赛中大获全胜，他的朋友听说这一消息后，纷纷过来打听，能不能帮助他们学习演讲。他和詹德勒看到了一个商机，也许可以举办培训，帮助有需求者提高公共演讲技能。市场需求量还比较大。要价五位数演讲费的作家也开始有意接近这两人，想看看自己是否可以通过超级学习来提高公共演讲技能。很快，他们有了第一个客户，费用总共两万美元。詹德勒和德·蒙特贝洛并不唯利是图，他们只重视那些真正交付信任的演讲学习者。他们甚至吸引来了有很高社会地位的客户。这一事实，无疑让他们有信心改行，转向全职培训公众演讲。詹德勒和德·蒙特贝洛决定将他们的培训公司命名为"超级演讲"，这无疑是对超级学习策略的认可，是超级学习让这一切成为可能。

德·蒙特贝洛的故事，比我们任何一个人最初预料的都更加戏剧化。他最初希望，他可以紧张地练习几个月，然后在某个地方来一场伟大的演讲，并把它录下来——这是一个很好的纪念品，也是一种新技能，但他没预料到自己会成为一名国际选手，并最终经历一次完全的职业生涯转变。在我指导的其他十几个超级学习者中，没有一个人发生这样天翻地覆的变化。其中有一些半途而废。生活琐事阻碍了他们的超级学习进展（也可能表明他们并没有像最初看起来那样认真）。另一些人虽然没有达到德·蒙特贝洛的成功程度，但也获得了令人敬佩的成绩，在学习医学、统计学、漫画、军事史和瑜伽方面取得了显著的进步。

德·蒙特贝洛的与众不同之处，并不是他认为自己可以在6个月内从几乎没有经验的菜鸟进入国际演讲世界锦标赛的决赛。相反，是他执着的学习精神。他的目标不是要达到某个既定的目标，而是要看看自己能走多远。有时候你会幸运地走上一条路，甚至走得很远，即使没有取得超级学习的全面成功，你通常也能相当好地学习一项技能。在我精心指导的小组成员中，虽然有的人没有取得如此显著的成果，但只要坚持完成项目，最终也学会了他们心仪的新技能。你可能不会参加世界锦标赛或者完全改变职业生涯，但只要你坚持走完这个过程，你一定会学到新东西。德·蒙特贝洛的例子给我的启示是，你可以成为一名成功的超级学习者，这种成功不是拥有某种特殊才能的人才能获得的必然结果。如果蒙特贝洛专注于钢琴，那他在巴黎演讲的经历可能永远只会是他人生中一件尴尬而遗憾的往事。

成为超级学习者的原则

德·蒙特贝洛的故事表明，只要意志坚定，成为一个超级学习者完全可能。但是，超级学习项目并不总是用千篇一律的方法。每个项目都是独特的，掌握它所需要的方法也是如此。超级学习项目的独特性是将它们联系在一起的因素之一。如果超级学习能够被瓶装或标准化，它将只是一种高强度的结构化教育形式。让超级学习变得有趣的东西，也正是我们很难将其归纳为一个循规蹈矩的模式的原因。

无法标准化是一个相当艰巨的挑战，了解了学习原则，或许能规避挫败。遵循原则，你可以解决那些你以前可能从未遇到过的问题，这是靠遵循食谱或机械程序无法做到的。例如，如果你真的理解了物理学原则，你就可以简单地通过逆向思维来解决一个新问题。原则可以让你更好地理解世界，虽然它们不能明确地阐明你应该如何面对一个特定的挑战，但它们可以提供好的指导。在我看来，通过一套简单的原则来实现超级学习效果最好，而不是试图复制粘贴别人精确的步骤或规则。

　　本书接下来的重点是介绍超级学习的原则。在之后的每一章，我都会介绍一个新的原则，并用关于超级学习的例子和科学研究的证据来进行验证。最后，我将分享这一原则作为具体策略的可能方式。这些策略只是一个很小的例子，但它们可以为你提供一个起点，让你创造性地思考自己面临的超级学习挑战。

　　目前为止，有9条普遍原则，奠定了超级学习项目的基础。每个原则都体现了成功超级学习的一个特定方面，接下来我会描述超级学习者是如何在项目中灵活选用这些原则以发挥出它们的最大效用的。这些原则如下。

（1）元学习：首先绘制导图。从研究如何学习你想要应对的主题或技能开始。看看如何做好调查，如何利用你过去的能力更轻松地学习新技能。

（2）专注：磨刀不误砍柴工。培养集中注意力的能力。留出大块的时间来集中精力学习，让学习变得简单易行。

（3）直接：勇往直前。针对你想擅长的技能，边做边学。不要因为贪图方便或舒适，就把它换成其他间接任务。

（4）训练：攻克薄弱环节。要毫不留情地改进自己的弱项。把复杂的技能分解成小的单元，逐一掌握，再把它们合并起来。

（5）检索：以测促学。考试不仅仅是评估知识的一种方式，更是创造知识的一种方式。在你对学习效果感到有信心前，先自我测试一下，督促自己积极地检索信息，而不是被动地复习。

（6）反馈：不要回避负面评价。有些反馈很严厉甚至很刺耳，这时，不要让你的自尊阻碍你前进。好好利用反馈，从各种反馈中提取信号，这样你就知道该注意什么，忽略什么。

（7）记忆：别往漏水的桶里加水。要弄清自己忘记了什么，为什么忘记。学会记住知识或技能，不是要现在记住，而是要永远记住。

（8）直觉：在形成直觉前要深入思考。通过对概念和技能的运用和探索来培养直觉。弄清楚理解是如何产生的，不要依靠简单的记忆技巧，要深刻理解事物的本质。

（9）试验：跨出舒适区去探索吧。所有这些原则都只是起点。真正的精通不仅来自追随别人走过的路，还来自探索他人从未想象过的可能性。

根据我对超级学习项目的观察，以及我的个人经验，在尽可能参考了大量的认知科学文献后，我归纳了这 9 条原则。我将从超级学习者开始研究。如果某人以某种方式完成了某件事，这可能的确是个有趣的例子，但也可能是那个人的癖好。如果有几个人（最理想的情况是我遇到的每一个超级学习者），都以某种方式做成某件事，这就更有力地证明了我偶然发现了一个普遍原则。然后我将这些原则与科学文献进行了对比。认知科学中有什么机制和发现来支持我发现的原则吗？更好的是，是否有对照实验比较一种学习方法和另一种学习方法的区别？科学研究证实了我所见过的超级学习者所运用的许多学习策略。这表明，超级学习者近乎苛刻地强调高效率，他们可能已经找到了学习这门艺术的一些普遍原则。

除了原则和战术，还有一种更宽泛的超级学习精神，即对你自己的学习负责：决定你想学什么，你想怎么学，以及制订你自己的计划来学习你需要的东西。你是负责人，你是最终为自己的结果负责的人。如果你本着这种精神来进行超级学习，你应该把这些原则当作灵活的指导方针，而不是严格的、非用不可的教条。要想学得好，并不仅仅是遵循一套处方那么简单。你需要亲自尝试，认真思考你所面临的学习挑战的本质，并测试这些挑战的应对方案。记住这一点，让我们开始第一个超级学习原则：元学习。

> 对你自己的学习负责：决定你想学什么，你想怎么学，以及制订你自己的计划来学习你需要的东西。你是负责人，你是最终为自己的结果负责的人。

原则 1　元学习：首先绘制导图

如果说我看得更远，那是因为我站在巨人的肩膀上。

——艾萨克·牛顿（Isaac Newton）

　　丹·埃弗里特（Dan Everett）站在座无虚席的礼堂前。他60出头，身材敦实，说话缓慢而自信，有着稀疏的金色头发和胡须，笑容可掬。他旁边有一张桌子，上面摆满了各种各样的东西：树枝、石头、树叶、容器、水果和一壶水。他发出信号表示演示活动即将开始。

　　一位身材魁梧、深棕色头发、橄榄色皮肤的中年妇女从右边的一扇门走上舞台。埃弗里特走到她跟前，用她听不懂的语言说了些什么。她环顾四周，显然很困惑，然后迟疑地回答："Kuti paoka djalou."他试图重复她刚才说的话。刚开始有些磕磕巴巴，但经过一两次尝试后，她似乎对他的重复很满意。他走到黑板旁，写道，"Kuti paoka djalou ⇨ 问候（?）"。然后他拿起一根小棍子，并用手指着它。她猜到了，他想知道"棍子"怎么说。她答道，"ŋkindo。"埃弗里特再一次来到黑板旁，写道，"ŋkindo ⇨ 棍子。"接着他试着拿起两根棍子，得到相同的回答，"ŋkindo。"然后他丢下棍子，女人回应说，"ŋkindo Paula。"演示继续进行，埃弗里特拿起物品，表演动作，听女人的描述，并把结果记录在黑板上。很快，他就完成了简单的命名任务，开始要求更多复杂的句子："她喝了水""你吃了香蕉""把石头放进容器里"。对于每一次新的诱导，他都进行实验，造新的句子，测试她的回应，看看自己是否正确。在半个小时内，他已经写了满满两黑板的名词、动词、代词和音标。[1]

在学习任何一门语言的前 30 分钟里，学习一大堆新语言的单词和短语都是一个很好的开始。这一成就尤其令人印象深刻的是，埃弗里特被禁止说任何他与说话者都会说的语言。[2]他只能试着鼓励她说单词和短语，并进行重复，试图弄清楚这门语言的语法、发音和词汇。他甚至不知道他们在说什么语言^㊀。

在没有老师、没有翻译，甚至不知道自己学的是什么语言的情况下，埃弗里特是如何在半个小时内就能开始说一门新的

㊀　原来，讲话者的语言是一种苗族方言，在中国、越南和老挝的部分地区使用。

语言，而我们大多数人在上了多年的高中西班牙语课后仍在尽力这么做呢？在有这些额外约束条件的情况下，是什么让埃弗里特掌握词汇、解码语法和发音的速度比你我快得多？他是语言天才，还是另有原因？

答案就是我们的第一原则：元学习。

什么是元学习

前缀 meta（元）来自希腊单词 μετά，意思是"超越"，它通常表示处理"关于"某物自身或更高层次的抽象概念。在这种情况下，元学习意思是学习关于学习的知识。这里有一个例子：如果你学习中文，你将学会象形字"火"。这是常规学习。你还可能了解到，中国的汉字通常是有偏旁的，偏旁表示汉字所描述的事物。例如，汉字"灶"，意思是"火炉"，有火在左边，表明它与火有一些关系。学习汉字这一特性是一种元学习，不是学习你的研究对象本身，即学习单词和短语，而是学习如何在这门学科中构建和获得知识的：换句话说，就是学习如何去学习。

从埃弗里特的例子中，我们可以窥见隐藏在表面之下的元学习的巨大价值。"那么，我们注意到了什么呢？"在简短的演示结束后，埃弗里特问观众，"似乎是 SVO 结构，一种主语 – 动词 – 宾语结构的语言，并不难学。"他继续说道，"名词似乎没有任何复数标记，除非它体现在声调上——而我漏掉了……

有明显的音调，至于它的语气，还有待考证。"从这些术语中我们可以看出，当埃弗里特从他的对话者那里获得一个单词或短语时，他不仅仅是鹦鹉学舌般地重复这些发音。他画了一张图，上面有基于多年学习语言经验的关于语言如何运作的理论和假设。

作为语言学家，埃弗里特除了拥有丰富的知识外，还有一个让他拥有巨大优势的技巧。他所做的演示并不是他自己的发明。这种被称为"单语田野调查"的方法，最初是由埃弗里特的老师肯尼斯·派克（Kenneth Pike）为学习一种土著语言而开发出来的。该方法列出了一系列对象和动作，实践者可以使用这些对象和动作开始拼凑语言。在 2016 年的科幻电影《降临》中，电影虚构的语言学家路易斯·班克斯（Louise Banks）用这种方法破译了一种外星语言，之后这种方法在好莱坞进行了一些宣传。

埃弗里特的语言宝库中的这两部分——一幅关于语言如何运作的详尽图表和一种提供语言表达流畅途径的方法，让埃弗里特不只是学到了一些简单的句子。在过去的 30 年里，他已经成为少数几个能流利地讲毗拉哈语的外来者之一。[3]毗拉哈语是地球上最罕见、最难懂的语言之一，只有亚马孙丛林中的一个偏远部落才会说。

元学习导图的力量

埃弗里特的案例完美地说明了利用元学习能更高效地学习

新事物。了解一门课程是如何运作的，学习者必须掌握什么样的技能和信息，能够更有效地掌握哪些方法，这是所有超级学习项目成功的核心。元学习就这样形成了一张地图，告诉你如何到达目的地而不迷路。

原则 1　元学习：首先绘制导图

　　要了解元学习为何如此重要，请参考一项关于在学习第三种语言时已经掌握第二种语言的有益影响的研究。[4] 这项研究是在得克萨斯州进行的，在那里，只会说英语的人和会说西班牙语 / 英语的人参加了一个法语学习班。随后的测试表明，双语者在学习一门新语言时比单语者表现更好。就其本身而言，这并不特别令人惊讶。法语和西班牙语都是罗曼语，所以它们在语法和词汇上有英语所没有的共同特征，这可能会提供一种优势。然而，更有趣的是，在西班牙语 / 英语双语者中，那些上过西班牙语课程的人在后来需要学习法语时也表现得更好。原因似乎是，上课有助于形成研究者所称的"元语言意识"，而仅仅非正式地了解一门语言并不能形成这种意识。这两类双语使用者之间的差异主要就是元学习：一组本身具备同一语系下的共通语言知识，但上过西语课的那一组还了解一种语言的信息是如何构成的[一]。

元学习不局限于语言。语言例子通常更容易理解，因为元学习和常规学习有更清晰的区别。这是因为即使元学习的结构是相同的，两种不相关语言间的内容（比如词汇和语法）也往往不同。学习法语词汇对学习汉语词汇没有太大帮助，但是理解法语词汇的方式对学习汉语很有帮助。当我和朋友到达我们学习语言之旅的最后一个国家时，从零开始沉浸式学习一门新语言几乎成了惯常做法。韩语的单词和语法可能是全新的，但是学习的过程已经很好地确定了。元学习存在于所有学科中，但它往往很难独立于常规学习进行检验。

怎样绘制导图

现在你已经知道了什么是元学习以及它对提高学习效率的重要性，那么你如何应用元学习从而在学习过程中获得优势呢？主要有两种方式：短期和长期。

在短期内，你可以在学习项目启动之前和期间集中研究如何提高你的元学习能力。超级学习，由于其强度大，有自我主导的性质，因此与普通学校的学习过程相比，超级学习会让学

[一]   就我们的研究目的而言，元语言意识和元学习这两个术语是可以互换的。文献中大量的元术语，如元知识、元认知、元记忆、元元认知等，都有类似的用法。

习者有更多的调整。一个好的超级学习项目，再辅以优秀的材料、自主学习意识以及对学习大纲的掌握，会让学习者比在学校正规学习更快地完成学业。通过强化的浸入式语言学习，你不必去学校上冗长的课程。在编码训练营中，这种浸入式学习进度非常快，学习者可以达到更高的水平，甚至可以比那些拥有普通本科学位的人在职场更有竞争力。这是因为，你可以根据自身的需要和能力来调整学习，避免学校采取的"一刀切"教学方法。不明智的选择也可能带来风险，最终导致更糟糕的结果。通过元学习研究，你完全可以规避风险，找到一些突破点，从而比现在更有优势。

从长远来看，你进行的超级学习项目越多，你掌握的一般元学习技能就会越多。了解了自身的学习能力，你就可以最优化安排时间，管理好自己的情绪和动力。用于处理常见问题而久经考验的策略，你也会信手拈来。你学到的东西越多，能力越强，你就会越自信。这样，你就会更享受学习过程的乐趣，更少地感受到挫折。

在这一章中，我将在下一节用大部分内容讲述短期策略，短期策略可能对你最有利。然而，强调短期策略，并不是说元学习的长期效果不重要。超级学习是一种技能，就像骑自行车一样，你练习得越多，你就会掌握更多的技能和知识。这种长期优势可能会超过短期利益，而且很容易被别人误认为是智力或天赋。我希望，随着你们在超级学习方面的练习越来越多，你们能更灵活地运用这些技能来提高自己的学习效率。

确定原因、内容和方式

我发现，把某个特定项目所做的元学习研究分解为三个问题大有裨益："为什么而学""学什么""如何学"。"为什么而学"指的是了解自己的学习动机。如果你确切地知道你想学习一项技能或科目的动机，你就可以把你的项目集中在对你最重要的事情上，从而节省很多时间。"学什么"指的是为了成功实现目标你需要获得的知识和能力。把事情分解成概念、事实和程序，可以让你清楚自己即将面临的障碍以及克服它们的最好方法。"如何学"指的是你在学习时会利用到的资源、环境和方法。在这一步做出谨慎的选择会对你的整体效率产生重大影响。

带着这三个问题，让我们看看每一个问题，以及如何画出你的导图。

回答"为什么而学"

你要回答的第一个问题是你为什么学习，这决定了你应该如何处理这个项目。从实践上讲，你所进行的超级学习项目有两大动机：工具型动机和内在动机，非此即彼。

工具型学习项目是把获得不同的、非学习的结果作为学习目的。想想之前提到的戴安娜·芬森菲尔德的例子，她做了几十年的图书管理员，发现自己的工作已经过时了。计算机化的文件系统和预算削减意味着她需要学习新的技能来保住自己的职位。她做了一些研究，得出结论：要想保住饭碗，最佳方法是掌握扎实的统计能力和可视化数据能力。在这种情况下，她学习不是因为她对统计和可视化数据的热爱，而是因为她相信这样做会影响她的职业生涯。

　　内在动机指纯粹为了学习本身而学习的动机。你一直想说一口流利的法语，即使你还不确定自己会在什么情况下用这门语言，这就是一个内在动机型学习项目。内在并不意味着无用。学习法语可能会对你以后的旅行有好处，或许你需要和来自法国的客户一起工作也说不定。不同的是，你学习这门学科是为了学习本身，为了学习而学习，而不是为了获得其他结果。

> 内在动机指纯粹为了学习本身而学习的动机。

　　如果你进行一个学习项目主要是出于工具型动机，那么你最好做做额外的研究：确定学习该技能或相关内容是否真的能帮助你实现目标。我经常听到一些对自己的职业发展不满意的人决定去读研究生。他们认为，如果他们有工商管理硕士（MBA）或文学硕士（MA）学位，雇主就会更器重他们，他们就会得到自己想要的职位。于是，他们去学校读了两年书，背上了数万美元的债务，却发现他们新获得的文凭并没有给他们带来比以前更好的工作机会。这里的解决办法是先做调查研究。在开始进行一个项目之前，你先要确定它是否有助于达到你想要的效果。[5]

策略：专家访谈法

做这类调查研究，主要是访谈那些取得了你想要达到的成就的人。假设你想成为一名成功的建筑师，认为最好的方法是精通设计技能。那么在开始之前，你最好与一些成功的建筑师谈谈，看看他们是否认为你的学习项目真正有助于你实现预期目标。我发现这种方法可以用于研究过程的很多方面，而且在审查工具型学习项目时特别有价值。如果有人已经达到了你想要实现的目标，却认为你的学习项目对实现目标并没有帮助，或者认为它不如掌握其他技能重要，那这是一件好事，表明你的学习动机和超级学习项目不一致。

找到这样的人，听起来好像有点难，其实不然。如果你的目标与职业相关，你可以找那些从事你心仪职业的人，给他们发一封电子邮件。你可以在工作场所、会议或研讨会上，甚至在推特（Twitter）或领英（LinkedIn）这样的社交网站上找到他们的联系方式。如果你的目标与其他相关，你可以在论坛上搜索你想学习的主题。例如，如果你想学习编程，并以创建应用程序为目标，你可以找一些专门以编程或应用程序开发为主题的在线论坛。然后，追踪那些频繁发相关帖子的楼主，并给他们发电子邮件。

与专家接触并与对方见一次面并不难，但这是很多人都回避的一步。许多人，尤其是性格内向的人，一想到要向陌生人寻求建议就会退缩。他们担心自己会被拒绝、忽视，甚至会因为擅自占用别人的时间而被骂。然而，事实是，这种情况很少发生。大多数专家都非常愿意提供建议，一想到有人想从他们的经验中学习，他们就会感到高兴。关键是你得写一封简单明了的邮件，解释你为什么要联系他们，问他们是否能抽出 15 分钟回答你一些简单的问题。确保你的电子邮件语言简洁、态度谦卑柔和。切忌要求超过 15 分钟的指导。虽然有些专家很乐意在这些方面帮助你，但在第一封邮件中最好不要要求太多。

如果你想见的人不住在你所在的城市怎么办？在这种情况下，电话或网络电话是很好的选择。⊖在紧急情况下，电子邮件也可以，但我发现文本通常不能很好地传达你的语气，而且你往往无法确切知道别人对你学习项目的看法。稍微有点兴趣地说"这是个好主意"与满腔热情地说相比，会截然不同，但如果你只通过文字交流，你就会忽略其中的细微差别。

即使你的项目有内在动机，问问"为什么"仍然大有裨益。你选择效仿的大多数学习计划，都是基于课程设计者认为的重要内容而定。如果这些和你的目标不完全一致，你可能会花很多时间学习对你来说不重要的东西，或者低估真正重要的内容。问问自己想学什么，因为这会帮助你评估不同的学习计划是否符合你的预期目标。

回答"学什么"

一旦你明白了为什么要学习，你就可以开始看看你所学学

⊖　打电话也可以避免面对面沟通带来的副作用。尝试过这种方法的女性告诉我，与她们面谈的人有时会误解她们对学习建议的渴望，认为这是一次约会。

科的知识是如何构成的。一个好方法是在一张纸上写下三栏，标题是"概念""事实"和"程序"，然后针对所有你需要学习的东西进行一次头脑风暴。在这个阶段，列表是否完整或准确并不重要。你可以随时修改。你的目标是开始行动起来。当你开始学习后，即使你发现你的分类不太正确，也可以及时调整列表。

概念

在第一列，写下所有需要理解的东西。对于概念，你需要灵活理解，这样才能运用得当。例如，数学和物理都是非常倾向于概念的学科。有些学科跨越了概念 / 事实的界限，比如法律，它有需要理解的法律原则，也有需要记住的细节。一般来说，如果有些东西需要理解，而不仅仅是记忆，我就会把它放在这一列，而不是放在第二列。

事实

在第二列，写下所有需要识记的东西。对于事实，只要记住就足够了。你不需要太深入地理解它们，只要你能在适当的场合回忆起它们。例如，语言充满了词汇、发音以及（在较小程度上）语法方面的知识。即使是概念化严重的主题通常也包含一些事实。如果你正在学习微积分，你需要深入理解导数的运用方法，但是，对于一些三角恒等式，记住足矣。

程序

在第三列，写下所有需要练习的东西。程序意味着你必须采取的行动，可能根本不会涉及多少有意识的思考。例如，学习骑自行车几乎全是程序性的，基本上不涉及任何事实或概念。许多技能大多是程序性的，有些技能可能有程序成分，但仍然需要记住事实和理解概念。语言学习中的新词汇需要记忆，但是发音需要练习，因此语言学习属于这一列。

用元学习分析来画出学习导图

完成以上头脑风暴后，你就需要在最具挑战性的概念、事实和程序上做重点标记。这样，你能很好地了解你的学习瓶颈，并着手寻找方法和资源来克服这些困难。意识到学习医学需要大量的记忆，你会花钱购买间隔重复之类的软件系统。如果你正在学习数学，意识到对某些概念的深刻理解将是一个棘手的问题，你会考虑花点时间通过向其他人解释一下这些概念，看看自己是不是真正理解了。了解自己的学习瓶颈是什么，有助于你思考如何提升学习效率，同时，能避免使用对你的目标没有太大帮助的学习工具。

通常，这种粗略的分析做完后，你就可以进入下一阶段的研究了。有了更多的经验，你就可以更深入地思考。你会审视超级学习项目的概念、事实和程序的某些特征，以找到更有效的方法。例如，当我开始画人物肖像时，我就知道成功与否很大程度上取决于我能多准确地确定面部特征的大小和位置。大多数人都画不出逼真的脸，因为如果这些特征稍有偏差（比如把脸画得太大或者眼睛画得太高），我们一下子就能看出问题，毕竟我们人类有着精湛的面孔识别能力。因此，我画了大量素描作品，并将作品反复与参考照片进行对比。这样，我就可以快速判断出我犯了什么错误，而不必猜测。如果你现在还无法做出这样的预测，也无法想出这样的策略，不要担心，只要你坚持做更多实践，你会慢慢体会到元学习给你带来的强大好处。

回答"如何做"

你已经回答了前两个问题——你为什么学习和你要学习什么，现在是时候回答最后一个问题了：你将如何学习？

我建议以下两种方法：基准测试和强调／排除法。

基准测试

开始任何学习项目的方法是找到人们学习技能或学科的通用方法。这可以帮助你预先设计一个策略作为起点。

如果我想学一些学校教的学科，比如计算机科学、神经学或历史，我要做的一件事就是看看学校里这门学科的课程设置。可以是一门课的教学大纲，也可以是整个相应学位的课程列表。当我想更深入了解认知科学时，我找到了一张圣地亚哥大学认知科学博士课程推荐给没有认知科学背景的新生的教科书清单。这类好资源基本上都来自大学（麻省理工学院、哈佛、耶鲁和斯坦福都是很好的例子，但远不是唯一的）。一般来说，课程列表和教学大纲都可以在它们的网站上找到，虽然它们主要针对的是在校生。

如果我想学习一门非学术性的课程或一项专业技能，我会在网上搜索那些已经学过该技能的人，或者使用专家访谈法来掌握该学科的可用资源。花一个小时在网上搜索几乎所有关于该技能的资源，你应该会找到对应的课程、相应的文章和如何学习的建议。在这方面投入时间好处多多，因为你使用的资源质量与你的学习效率成正比。即使你按捺不住想马上开始学习，也最好明白，现在花几个小时准备可以为你以后节省几十或几百个小时。

强调 / 排除法

找到常规的课程后，你也可以考虑修改修改。我发现，对于那些有明显成功标准的技能（比如绘画、语言或音乐），在学习这些技能之前，你可以轻而易举地猜测出，这些相关课程相对重要的程度。对于那些你甚至不理解大纲中术语含义的概念性学科，你最好采用基准测试法，以了解更多。

运用强调 / 排除法，首先要找到与你在第一部分研究中确定的目标一致的研究领域。如果我学习法语的目的是去巴黎玩两周，在商店和餐馆里说法语，那么我会把更多的精力放在发音上，而不是正确拼写。如果我学习编程只是为了制作自己的应用程序，那么我将更多地关注应用程序开发的内部工作原理，而不是计算理论。

强调／排除法的第二部分是忽略或推迟基准课程中与你的目标不一致的部分。例如，著名的语言学家和汉学家维克多·梅尔（Victor Mair）就提倡学习中文时，在认汉字之前，先集中学习说汉语。[6]这并不是唯一可行的途径，但如果你的主要目标是表达，那么这个方法可能会更有效。

你应该做多少计划

你现在面临的一个问题是什么时候结束调查，启动超级学习。关于自主学习的文献以及典型事例表明：大多数人没有对可能的学习目标、方法和资源做一个彻底的调查。[7]相反，他们倾向于在他们当前的学习环境下选择自然而然出现的任何学习方法。显然，这么做的实际效果和使用最佳方法所能实现的效率之间有些差距。然而，花时间做调查研究也可能有拖延的嫌疑，尤其是在学习方法让人不适的情况下，多做一点研究可能演变成避免学习的无奈之举。在学习方法中，总会有一些不确定性因素存在，所以在调查不足和"分析性停滞"之间找到最佳平衡点是很重要的。你知道什么时候你在拖延，一旦发觉，就赶紧开始超级学习吧。

10% 法则

一个好的经验法则是，在开始学习之前，你应该投入大约10%的预期学习时间在调查研究上。如果你打算花 6 个月的时间学习，大概每周学 4 个小时，也就是大约 100 个小时，这就意味着你应该花大约 10 个小时，或者 2 周的时间来做研究。随着项目规模扩大，这个百分比会有所下降，所以如果你计划花 500 或 1000 小时学习，你不一定需要 50 或 100 小时的研究，但可能还是需要近 5% 的时间。我们的目标不是用尽所有的学习方法，而只是确保，你没有盲目抓住第一个可能的资源或方法，或者完全不去考虑其他选择。我在开始 MIT 挑战项目之前，花了大约 6 个月的时间，用业余时间梳理了所有的课程材料。比较好的做法是在开始项目学习之前，了解常用的学习方法、大众接受的资源和工具以及它们的优缺点。长期项目会让你更可能偏离轨道和拖延，所以在学习项目开始时要做适当的调查，这可以为以后节省大量时间。

收益递减和边际效益计算

元学习研究不是你在开始项目之前做的一次性活动。当你学到更多时，你应该继续做研究。通常，在你开始之前，你并不清楚学习项目的进展速度和可能遇到的障碍，所以重新评估是学习过程中必要的一步。举个例子，在画人物肖像的过程中，项目进行到一半的时候，我发现从素描比对的方法中得到的回报是递减的。我意识到，我需要一种更好的画法来提高精确度。于是我做了第二轮研究，结果把我引向维特鲁威工作室讲授的一门课程，这门课

> 在你开始之前，你并不清楚学习项目的进展速度和可能遇到的障碍，所以重新评估是学习过程中必要的一步。

程让我更加系统地学习技巧，极大提高了我绘画的精确度。[8]
我在最初的研究中并没有注意到这一点，因为我没有意识到自
己开发的学习方法的不足。

何时以及如何进行调查研究呢？答案是比较元学习和常
规学习的边际收益，这有点复杂。一种方法是花几个小时做更
多的研究——采访更多的专家，在网上搜索更多的资源，搜索
最新的可能的方法，然后用你选择的方式花几个小时学习。在
每种方式上花些时间之后，快速评估一下这两种方式的相对价
值。如果你觉得做元学习方面的研究比花时间学习更有价值，
那么你在某个点上做更多的研究仍然是有益的。如果你觉得额
外的研究没有太大帮助，那你最好坚持你之前的计划。这种分
析依赖于所谓的收益递减定律。这就是说，你在一项活动上投
入的时间越多（比如更多的调查），当你越来越接近理想的方
法时，你得到的好处就会越来越少。如果你继续做调查，最终
它的价值会远远低于纯粹学习。考虑到这一点，到那时你就完
全可以安心地专注于学习了。实际上，调查研究的回报往往是
起伏不定的。你可能花了几个小时却一无所获，也可能碰巧就
发现了完美的学习资源。你完成的项目越多，就越容易比较直
观地判断这一点，但是收益递减定律和 10% 法则可以很好地
估算需要做多少调查研究以及什么时候做。

元学习的远景

到目前为止，我们只讨论了短期利益。然而，元学习的真
正好处不是短期的，而是长期的。它们并不存在于某个特定的

项目中，但会影响你作为学习者的整体优势。

你进行的每一个超级学习项目都会提高你的整体元学习能力。你可以借助任何一个项目来习得新的学习方法，如收集资源的新渠道，更好的时间管理法，以及提升动力管理技能。一个项目的成功会让你有信心大胆地执行下一个项目，摒弃自我怀疑和拖延。最终，这种效果会远远超过进行特定项目的效果。不过，长期的元学习也不能归结为一种策略或工具，它只是你通过经验获得的东西。

第一个学习项目并不能彰显超级学习的所有好处，因为进行第一个项目时，你的元学习能力最低。你完成的每一个学习项目都会为下一个项目打基础，从而开始良性循环。为了写这本书，我采访了许多超级学习者，他们告诉我类似的故事：他们为自己在各个学习项目上取得的成就感到自豪，但超级学习真正的好处是，他们现在明白了掌握硬技能的学习过程。这给了他们信心，让他们去实现他们以前从未奢求的雄心勃勃的目标。这种自信和能力是超级学习的终极目标。但通常刚开始时，自信和能力都很难被发掘出来。只要投入到超级学习项目中，这些好处都是可以实现的。仅有最好的研究、资源和策略是徒劳的，除非你集中精力，跟进学习计划。这就引出了超级学习的下一个原则：专注。

原则 2　专注：磨刀不误砍柴工

现在我可以更加专注了。

——莱昂哈德·欧拉（Leonhard Euler），数学家，右眼失明后说

　　如果让你说出一位最不太可能成为伟大科学家提名的候选人，我想你一定会选择玛丽·萨默维尔（Mary Someville）。她出生在 18 世纪一个贫穷的苏格兰家庭，当时高等教育将女性拒之门外。虽然她母亲并没有阻止她读书，但是社会普遍不赞成女性念书。她的阿姨看到她读书，就对她母亲说："你为什么要让玛丽把时间浪费在读书上。有时间让她多做做针线不好吗？她做针线笨得像个男人。"当她终于得到机会可以上学时，

她的母亲却为学费大伤脑筋。萨默维尔央求道："我能学会写好字、记好账，就满足了，而这本是女人应该会做的。"[1]作为一名女性，她面临的更大障碍，是必须以履行家庭责任、满足家庭期望为先，学习永远排在最后。"男人总是会以工作等为借口来支配自己的时间，女人却不能。"她哀叹道。她的第一任丈夫塞缪尔·格雷格（Samuel Greig）强烈反对妇女读书。

尽管阻挠重重，萨默维尔还是取得了非凡的成就。她在数学领域屡获嘉奖，可以流利地讲几国语言，还会画画和弹钢琴。1835 年，她和德国天文学家卡罗琳·赫歇尔（Caroline Herschel）成为第一批入选皇家天文学会的女性。她翻译并扩充了皮埃尔·西蒙·拉普拉斯（Pierre Simon Laplace）前两卷著作，这是一部关于引力理论和高等数学的五卷巨著，被誉为自艾萨克·牛顿《数学原理》以来最伟大的学术成就，她因此盛名远扬。连拉普拉斯自己也评论说，萨默维尔是世界上唯一了解他作品的女性。

萨默维尔的现实情况非常糟糕，她的成就却卓然非凡，这又做何解释？最简单的归因就是天赋。毫无疑问，她头脑非常敏捷。她的女儿曾说，在教自己学习的过程中，母亲有时候会很不耐烦。"我清楚地记得她纤细白皙的手不耐烦地指着那本书或写字板——你难道看不见吗？这里面没有什么难点，相当清楚。"然而，当阅读有关她对自己生活的描述时，这个看似天才的人却有诸多不安全感。她说自己"记忆力不好"，讲述了小时候学习新事物时的挣扎，甚至一度"认为自己太老了，学不了一门外语"。这究竟是出于礼貌的谦虚，还是她真的力不从心，我们不得而知，但这至少打破了偏见：错误地认为她在学习上有着不可动摇的自信和无与伦比的天赋。

往深处看，萨默维尔的另一面浮现出来了。是的，她拥有出众的才智，但她拥有的更多的是一种特殊的专注力。当她还年少时，家人把她安顿在床上睡觉，并取走了蜡烛。她没办法在晚上继续阅读时，就会在脑子里思考欧几里得的数学著作。当她还在哺乳期时，一位熟人鼓励她学习植物学，她每天早上都要花"一个小时学习植物学"。她取得了最伟大的成就，即翻译并扩充拉普拉斯的著作《天体力学》，但与此同时，她也不得不承担起抚养孩子、做饭和打扫卫生等所有家务。她解释道："我一直待在家里，有时我的朋友和熟人特意跑这么远的路来看我，如果我不接待他们，那就太不友好，太自私了。然而，当我遇到难题时，如果有人进来对我说'我来您家里待几个小时'，我会感到有些恼火。不过，我养成了一种习惯，把一道题留下，然后回来后能马上接着想，就像在我正在读的书上做个记号一样。"

要想在学术领域做出伟大的学术成就，科学家都必须能够迅速地专注下来。阿尔伯特·爱因斯坦在阐述广义相对论的过程中，过于投入和专注，以至于后来他得了胃病。数学家保罗·埃尔德（Paul Erdős）大量服用安非他命来增强专注力。一个朋友跟他打赌说他一定离不开安非他命，即使是很短的一段时间。保罗·埃尔德

> 要想在学术领域做出伟大的学术成就，科学家都必须能够迅速地专注下来。

后来设法做到了。然而，后来他抱怨，这么做的结果是数理作为一个整体构想被推迟了约一个月，因为他没有集中注意力。在这些极度专注的科学家的传记中，人们常常会联想到这样一幅画面：孤独的天才无忧无虑地工作，远离世俗烦恼。尽管她的成就如此令人瞩目，但我更感兴趣的似乎是萨默维尔拥有的那种专注力。她是怎样设法做到这一切的呢？在那样的环境下，她不断受到干扰，没有什么社会支持，日复一日打理着繁杂的家务，她是如何抽身出来专心致志地学习足够时长，不仅掌握广泛的学科范围，甚至能学习到如此精深的程度呢？法国数学家西米恩·泊松（Simeon Poisson）曾经评论说："在法国读得懂她的书的人不到 20 个。"

原则 2　专注：磨刀不误砍柴工

　　萨默维尔是如何做到这般专注的呢？在并不理想的外界环境下完成了复杂的脑力工作，我们能从她的策略中学到什么呢？人们与专注力的斗争通常有三种类型：如何开始专注、如何持续专注以及如何优化专

人们与专注力的斗争通常有三种类型：如何开始专注、如何持续专注以及如何优化专注的质量。

注的质量。超级学习者会毫不间断地想出解决这三个问题的办法，这是形成良好专注力和深入学习能力的基础。

问题 1：无法集中注意力 / 拖延

对许多人来说，首要问题是开始专注。这在拖延时表现得最明显：不是做你应该要做的事情，而是做其他的事情或者偷懒。对于一些人来，拖延是生活常态。他们往往东一棒槌西一榔头，直到最后期限迫使他们专注下来，然后不得不奋力一搏，按时完成工作。还有一些人，尤其是面对特定类型任务时，不得不与更严重的拖延症斗争。我更像第二种人，当面对一些特定类型的任务时，我会心猿意马，拖延一整天。虽然我写博客写文章不会拖延，但当我必须为这本书做一些调查研究时，我就变得拖拖拉拉了。同样地，我坐着观看 MIT 课程的视频也没有问题，但处理第一个问题集时，我总是带着相当大的恐惧。如果不是因为紧张的日程安排，我可能会找借口拖延更长时间。不瞒你说，写本书这一章就是我经常拖延的任务之一。

> 我们为什么会拖延？简单的答案是，在某种程度上，你内心有一种渴望驱使你去做别的事情，或者有一种厌恶使你不想做手头这项任务，或者两者兼而有之。

我们为什么会拖延？简单的答案是，在某种程度上，你内心有一种渴望驱使你去做别的事情，或者有一种厌恶使你不想做手头这项任务，或者两者兼而有之。以我为例，写这一章时我拖拖拉拉迟迟不动笔，主要是因为我想法太多，脑袋里一团乱麻，不知道从哪里开始。我的焦虑在于，如果仅仅只是纸上谈兵，很有可能最终写得很糟糕。我知道这想法很傻，但大多数拖延的原因，在你说出来的时候都显得愚蠢，但这并不能阻止拖延主宰你的生活。这让我想到克服拖延症的第一步：意识到你什么时候在拖延。

拖延大多是无意识的。你在拖延，但你并没有意识到。相反，你认为有必要"好好休息一下"或者"享受一下生活，因为工作不是生活的全部"。问题不在于那些念头，问题是，它们被用来掩盖实际的行为了——你不想做你需要做的事情，要么是因为你反感，要么是因为你还有其他更想做的事情。所以，意识到自己在拖延是避免拖延的第一步。

每次拖延的时候，不妨习惯性这么思考一下，在那一时刻，用心去感知，问问自己：不想做当前任务的意愿，以及想做其他事情的愿望，相比较而言，哪种意愿更强大？是去做不同活动的冲动更强（例如，吃点东西、查看手机、睡午觉），还是想去避开你要做的事情的冲动更强烈？你也许会认为这件事会让你不舒服、痛苦、沮丧。必须意识到这一点，才能更进一步。所以如果你觉得拖延是你的缺点之一，那么在你试图解决它之前，先要具备这种意识。

一旦你能轻易地、自觉地认识到自己的拖延倾向，你就可以在必要时采取措施抵制这种冲动。一种方法是，考虑使用一系列心理工具（你的"精神拐杖"）来帮助你克服拖延症中最难熬的纠结阶段。当你可以对正在做的项目采取更积极有效的行动时，拖延已经不再是一个问题，这些"拐杖"可以更换或者干脆扔掉。

第一个"拐杖"是，你要意识到，一项任务让人不愉快之处（如果你厌恶它）或者另一项任务中令人愉快之处（如果你被分散注意力）实际上都是一种冲动，这种冲动不会持续太久。即使是相当不愉快的任务，如果你真的开始工作或无视强有力的干扰物，通常只需要几分钟，你就会不再焦虑。因此，你首先要做的就是说服自己在放弃之前先克服几分钟最不愉快的感觉。告诉自己，在停下来或者做其他事情之前，只需要花 5 分钟试一试这项工作。这 5 分钟就足够让你开始这项任务了。任何人都能忍受 5 分钟，不管这件事有多无聊、多沮丧、多困难。一旦你开始了，你可能就停不下来了。

> 告诉自己，在停下来或者做其他事情之前，只需要花 5 分钟试一试这项工作。这 5 分钟就足够让你开始这项任务了。

在这个过程中，你的第一个"拐杖"也可能会妨碍你前进。你发现自己已经开始了，但随后，由于这项任务令人不愉快，你难以集中注意力，过多地利用 5 分钟规则，你的效率就会下降。如果是这种情况，而且你的问题已经从"开始难"变成了"常停滞"，你可以尝试更努力一点，"番茄工作法"提倡：专注 25 分钟，然后休息 5 分钟。⊖记住，当你仍然被先前的问

⊖　这种时间管理方法来自意大利管理顾问弗兰西斯科·西里洛（Francesco Cirillo）。他之所以这样命名这种方法，是因为"pomodoro"在意大利语中是"番茄"的意思，而他使用的计时器的形状也像一个番茄。

题困扰时，不要转向一个更难的目标。如果你仍然不能开始工作，即使有 5 分钟规则，换用对你要求更高的"拐杖"也可能会适得其反。

在某些情况下，一开始我们并不会感受到挫败，但仍然可以预测到挫败什么时候出现。例如，在我通过卡片学习汉字时，每当我记不住卡片上的字时，我就会有一种放弃的冲动。不过，我知道这种感觉是暂时的，所以我为自己添加了一条规则：只有在我正确记住最近的一张卡片时，我才能退出。实际上，这些卡片记起来很快，通常只需要多坚持二三十秒，结果，我记卡片的耐心极大地提高了。

最后，如果你没有重度拖延症，那么建议你使用日历，在日历中提前划出特定的时间来完成这个项目。这种方法能让你充分利用有限的时间。然而，只有当你真正遵循日程安排时，它才会有效。如果你每天都在做时间计划，却不采取行动、执行计划，而去做别的不相干的事情，那么请回到最初，用 5 分钟规则和番茄工作法，从头开始。

最终，你可能会达到玛丽·萨默维尔那样的专注水平，她可以随时激活注意力，取决于她是否有空闲时间。萨默维尔的专注能力令人敬畏，她会忙里偷闲，特意留出时间来研究某个特定的主题。因此，她之所以成功，不仅仅是因为她自发的学习，也因为她有一种有意识的自学习惯。对于我来说，如果学习活动本身就很有趣，我可以长时间的专注在上面而没有压力。例如，在进行 MIT 挑战项目期间，我通常能轻松地观看课程讲座。然而，其他任务则需要 5 分钟规则来克服我的拖延欲望。如果我必须扫描和上传文件，我通常会先建一个文件夹存放，直到最后时刻再处理。如果在过程中你有所倒退，也不要感到难过；你无法控制你的厌恶或分心，但你可以通过练习减轻它们的影响。

问题 2：无法集中注意力 / 分心

　　人们易于遭遇的第二个问题是无法保持专注。这种情况可能发生在你刚坐下来学习或练习的时候，你的手机响了，你望过去一看，原来是一个朋友 QQ 上线的提示音，他跟你打招呼呢；或者你不知不觉开始做白日梦了，最后发现自己在刚刚过去的 15 分钟里一直在盯着同一个段落。就像集中注意力的挑战一样，如果你想在学习复杂的项目时能有所进步，保持专注是很重要的。在我谈论如何保持专注之前，我想提出一个问题：什么样的专注最能保持下去。

　　心流是心理学家米哈里·契克森米哈赖（Mihaly Csikszent-mihalyi）提出的一个概念，它经常被用作专注的典范。这是一种全神贯注的精神状态。你不再分心，你的大脑完全投入到手头的任务中，甚至不会感觉到时间流逝。当一项任务既不太难也不太容易时，心流则是一种介于无聊和安逸之间的愉快状态。然而，也有人对这一乐观看法持批评态度。刻意练习的

> 当一项任务既不太难也不太容易时，心流则是一种介于无聊和安逸之间的愉快状态。

研究者、心理学家 K. 安德斯·艾利克森认为，心流的特征"与刻意练习的要求不一致，刻意练习会对明确的目标做出监控、反馈并寻找机会纠错"。因此，熟练掌握某一技能的人可能会享受并寻求心流体验，以此作为他们领域中相关活动的一部分，但这种体验不会在刻意练习中发生。[2] 超级学习同样注重"成绩驱动式"学习，正如艾利克森最初提出的刻意练习一样，因此心流似乎也不适用于超级学习。

我认为，在超级学习中，不是不可能有心流。许多与学习相关的认知活动都在难度范围内，这使得心流成为可能（甚至极为可能）。然而，我也同意艾利克森的观点，即学习中往往会遇到难题，使心流无法实现。此外，你需要有意识地调整自己的方法，也就是说，在心流中缺失的自我意识，在超级学习和刻意练习中非常必要。在你能力有限的情况下处理一个编程问题，强迫自己用不熟悉的文体风格来写文章，或者在说一种新的语言时尽量减少口音影响，这些任务都可能与你已经形成的自动处理模式相违背。尽管对"自动处理模式"的抗拒最终有利于实现你的学习目标，但是这可能会使心流更难实现。

那么我的建议是什么呢？不要抗拒心流。处理某些学习任务时，你会很容易地进入心流状态。在 MIT 挑战中做练习题的时候，在语言学习中练习词汇的时候，或者画画的时候，我经常觉得自己处于一种心流状态。同时，如果心流没有自然而然产生，也不要感到内疚。你的目标是提高学习成效，而这通常要经历高难度学习阶段，它会比理想阶段更令人沮丧，使你难以进入心流状态。记住，即使你的学习强度大，你以后对这一学习技能的运用强度也不会很大。现在为学有所成所倾注的心血，将会使熟练的实践更加让人愉快。

在分析了如何集中注意力之后，让我们来分析一下注意力持续时间。你应该学习多长时间？这个问题假设你的注意力已经分散了，你本来应该让注意力再持续一段时间，可是你老早就放弃了。但是从学习的角度来看，有关集中注意力的文献并没有表明，长时间集中注意力是最佳学习方案。研究人

> 研究人员普遍发现，把学习内容安排在不同的时间段进行练习比把学习内容挤在一起练习能记住更多内容。

员普遍发现，把学习内容安排在不同的时间段进行练习比把学习内容挤在一起练习能记住更多内容。类似地，交织学习（interleaving）现象表明，在你注意力高度集中时，从不同角度出发来学习你所关注的技能也能提高效率。[3] 因此，如果你有几个小时的学习时间，你最好学习几个科目，而不是只专注于一个，但这样做是有代价的，因为随着学习时间的分散化，学习会变得越来越困难。

我们需要一种适当的平衡。为了达到这个目标，50分钟到一个小时的学习时长比较合适，你能够应对许多学习任务。如果你的时间表只允许集中的时间块，比如每周一次，每次几个小时，你可以在每个小时结束时休息几分钟，把你的时间分散到你所学科目的不同方面。当然，这些只是提高效率的指导方针。你最终需要找到最适合自己的方法，这不仅要考虑便于记忆的最优方案，还要考虑适合你的时间表、你的个性和学习

流程。对一些人来说，20 分钟最合适，另一些人则可能喜欢花一整天的时间学习。

假设你已经找到了一段时间来学习最适合自己的课程，那么在这段时间里你如何保持专注呢？我发现有三种不同的干扰源会导致注意力下降和注意力分散。如果你很难集中注意力，依次看看这三种干扰源。

干扰源 1：环境

让你分心的第一个原因是你所处的环境。你手机关机了吗？你在上网、看电视或玩游戏吗？周围是否有噪声和声音干扰？你准备好工作了吗？或者你可能需要停下来找笔、书或灯？这是影响持续专注力的根源，也是人们经常忽视的一个方面，就像他们忽视自己拖延的原因一样。很多人告诉自己听音乐时注意力更集中，但现实可能是他们不想做指定的任务，所以音乐是一种低层次的、有趣的分散注意力的方法。这并不是指责那些不能在完美环境下工作的人。我当然不会去指责你。更确切地说，你要了解最适合自己的工作环境，并对其进行测试。开着电视，你真的能完成更多的工作吗？还是你只是喜欢听电视，觉得它让工作更容易忍受？如果是后者，你可以训练自己避免多任务处理，从而享受更高的效率。多任务处理可能会让你感觉很有趣，但它不适合超级学习者，因为超级学习需要你全神贯注于手头的任务。与其放任这种无效学习的坏习惯，不如改掉它。

干扰源 2：任务

第二个原因是你的学习任务本身。某些学习活动本身就比其他活动更难让人集中注意力。我发现即使内容是一样的，阅读也会比看视频更难集中注意力。当需要在不同的学习工具之间做选择时，你要考虑哪一种更容易让你专注。为了更好地集中注意力，我不会选择不那么直接（原则 3）或不提供反馈（原则 6）的工具。幸运的是，这些原则基本一致，实际上让人更难保持注意力的是那些不那么有效的方法，因为它们对认知的要求较少。有时你可以巧妙地更改你正在做的事情，以使你更专注。如果阅读时很难保持注意力，通常情况下，我会努力记笔记，以便重新理解较难的概念。我这样做的主要原因是，当我边阅读边写笔记时，我就不太可能进入"一边貌似在阅读，一边却心不在焉"的梦游状态。当你从事强度更高的工作，比如解决难题、制作手工或是边做笔记边大声解释你的观点时，你的大脑会有种"分身乏术"的感觉，你也因此更不容易分心。

> 当你从事强度更高的工作，比如解决难题、制作手工或是边做笔记边大声解释你的观点时，你的大脑会有种"分身乏术"的感觉，你也因此更不容易分心。

干扰源 3：大脑

第三个原因是你的大脑本身。负面情绪、烦躁不安和做白日梦都是集中注意力的最大障碍。这个问题有两面性。首先，很明显，如果你思维清晰、心理平静，你完全可以专注于所有的学习任务。如果你内心悲愤、焦虑不安、有挫败感，你将很难集中注意力学习。这意味着，在现实生活中你要与这些心理问题做斗争，在这段时间你也没法学好，因为你必须先处理这些问题。当你身处一段有害的关系中，或者正为未如期完成的任务而焦虑，或者仅仅是知道自己走错了人生道路而迷茫时，这些心理状态都会影响你的动机，所以最好不要忽视这些问题。然而，有时候你对你的情绪无能为力，有些感觉会突然涌现。比如，你会突然担忧未来某件事，你知道你不应该为了处理这种情绪而停止正在进行的活动。这里的解决方法是接纳这种情绪，你感知到它，然后轻轻地把注意力转移到你的任务上，让这种情绪过去。

　　当然，让消极情绪自行消退，这说起来容易做起来难。情绪会劫持你的大脑，使你的注意力没法回到学习任务上，你会感觉自己永远都没有办法专注了。例如，如果我真的对某件事感到焦虑，我会试着把注意力重新放到学习任务上，但 15 秒后注意力就涣散了，我一遍又一遍地重复，持续了一个多

> 情绪会劫持你的大脑，使你的注意力没法回到学习任务上，你会感觉自己永远都没有办法专注了。

小时。在这样的时刻，要认识到，如果你完全停下任务来回应情绪，在未来，你的情绪就会减弱。你的信念也会更加坚定，在遇到类似的情况时继续专注于任务，因而任务也会变得更容易。正念研究员兼精神病学家苏珊·斯莫利（Susan Smalley）和加州大学洛杉矶分校正念意识研究中心的冥想教师戴安

娜·温斯顿（Diana Winston）认为，当我们进行一种行为时，我们典型的反应是试图抑制分心的念头。相反，如果你"学会让它出现，感知它，然后释放它或让它过去"，你试图避免出现的行为自然就不会出现了。[4]如果你觉得继续学习毫无意义，因为你被一种消极的情绪所困扰而没法集中注意力学习，请记住，长期强化你坚持这项任务的能力，将大有裨益。所以，即便你在这个特殊的学习阶段没有完成多少任务，也不算浪费时间。

问题 3：没有找到合适的专注点

第三个问题比前两个更微妙，它与你注意力的质量和方向有关。假设你已经成功地克服了拖延症、注意力分散的问题，想要专注于任务，你应该怎么做呢？要使你的学习效率最大化，最佳的注意力程度是多少？

这里有一些有趣的研究，它们把兴奋度和任务复杂性这两个不同的变量与如何应用注意力的问题关联起来。兴奋度（一般意义上的，与性无关的，多样性的）是你对自身体能或警觉性的整体感觉。当你困倦的时候，你的兴奋程度很低；当你在锻炼的时候，你的兴奋程度就很高。这种身体上的现象是由于交感神经系统的激活产生的，它包括一系列在身体上经常同时发生的效应，包括心率加快、血压升高、瞳孔扩张和出汗。心理上，兴奋度也会影响注意力。高兴奋度会让人产生一种敏锐的警觉性，这种警觉性的特征为注意力范围狭窄，也可能难以持久。[5]这对于专注于相对简单的任务或需要高度集中精力的小目标来说非常有用。运动员需要这种专注才能正确地投掷飞镖或投篮球，这些任务相当简单，但需要集中注意力才能正确地执行。然而，太兴奋也会影响你的注意力，你可能很难在任何特定的地方保持专注。[6]任何一个喝了太多咖啡而感到紧张不安的人都知道这会对你的工作产生怎样的影响。

更复杂的任务（如解决数学题或写文章）的学习，受益于一种更轻松的专注状态。[7]这种专注的空间通常更大，更分散。为了解决面临的问题，你必须考虑许多不同的情况或想法，这样做有很多优点。试图解决一个复杂的数学问题或写一首爱情十四行诗，需要心气平和。如果你在做一项特别有创造性的任务时陷入困境，这时候你不专注反而有益。[8]从这个复杂问题中抽身出来休息一下，你

> 如果你在做一项特别有创造性的任务时陷入困境，这时候你不专注反而有益。

的关注点会更宽泛，之前你没有意识到的东西可能汇聚到你的思维中，从而让你发现其他的可能性。你可能会在闲暇的瞬间，或者在睡觉的时候，突然"灵光一现"。这种顿悟通常不是在专注学习的时候。不过，要是你认为懒惰是创造力的关键，那你就错了。因为，很明显，只有当你把注意力放在一个问题上的时间足够长，头脑中还有一些残留的想法和思绪时，这种方法才会奏效。完全不学习不太可能造就创新型人才，但休息一下有助于为解决难题带来新的视角。

任务复杂性和兴奋程度之间的关系很有趣，因为后者是可

以调节的。在一项实验中，睡眠不足的实验对象和休息良好的实验对象同时进行一项认知任务。[9] 不出所料，睡眠不足的实验对象表现不佳。然而，更有趣的是，当播放嘈杂的背景音时，昏昏欲睡的实验对象表现得更好，而休息良好的实验对象表现得更差。研究人员得出的结论是，噪声提高了人们的兴奋程度，对位于低兴奋度的实验对象有利，但对休息良好的人来说，噪声太大，导致他们的专注力下降。这意味着，你可以最大化自己的兴奋程度，以保持理想的专注力水平。较低的兴奋程度适于处理较为复杂的任务，所以在家里一个安静的房间里，你可以比较有效地解决数学题。更嘈杂的环境，比如咖啡店，适于对付更简单的任务。

> 较低的兴奋程度适于处理较为复杂的任务，所以在家里一个安静的房间里，你可以比较有效地解决数学题。更嘈杂的环境，比如咖啡店，适于对付更简单的任务。

务。这个实验表明，你应该通过自我测试来找出最适合自己的集中注意力的方法。你会发现即使在吵闹的咖啡馆里，你也能更好地完成复杂的任务，或者你会发现即使是简单的任务，你也需要在图书馆安静的环境里完成。

提高专注力

专注力不是大量空闲时间的人的专利。就像萨默维尔的情况一样，她生活琐事繁多，无法投入足够多的时间来学习，对这些人而言，专注的能力甚至更为重要。通过训练，你可以提高专注力。总的来说，我并不太确定专注力能否被训练成一种能力。你在一件事上自律了，并不会自动让你在其他事情上自律。不过，你的确可以遵循一套方法来更好地集中注意力。我的建议是：认清你所处的位置，从小事做起。如果你是那种一分钟都坐不住的人，试着静坐半分钟。半分钟很快会变成一分钟，然后变成两分钟。随着时间的推移，你在学习一门特定学科时感受到的挫败感有可能转化为真正的兴趣。每当你抗拒分心的冲动时，分心的影响就会减弱。只要足够耐心和足够坚持，你的几分钟坚持就会变得足够强大，足以让你去成就伟大的事业，就像萨默维尔在 200 年前所做的那样。

这一章我们讨论了如何启动艰难的学习之旅，现在让我们继续讨论正确的学习方法。下一个原则——直接，首先要解释在学习时，你应该做什么，更重要的是，如果想要把所学知识应用到工作和生活中，你应该避免做哪些事情。

原则 3 直接：勇往直前

能到喷泉那里去畅饮的人，不会满足于在小水缸里舀水喝。

——莱昂纳多·达·芬奇（Leonardo da Vinci）

在印度长大的瓦兹欧·贾斯瓦尔（Vatsal Jaiswal）搬到了加拿大，梦想成为一名建筑师。四年后，他拿着刚获得的学位，置身于自大萧条以来最糟糕的就业市场，他开始觉得这个梦想似乎变得越来越遥远了。即使在经济形势好的时候，在建筑学领域站稳脚跟也很困难，2007 年股市崩盘后的几年，这几乎完全不可能了。公司甚至解雇了有经验的建筑师。即使有职位空缺，他们也不会招初出茅庐的大学生。他毕业的班级中几乎没有人找到建筑工作。大多数人都放弃了，他们要么去外地找工作，要么回校继续求学深造，或者搬去和父母同住，等着经济风暴减弱。

在又一次求职遭拒后，贾斯瓦尔离开了另一家建筑公司的办公室，回到他和两名室友合住的一居室公寓。[1] 投递数百份简历都没有回应，他想或许自己可以更主动一些，不如直接去公司办公室，与负责人面谈。他连续几周，挨家挨户敲门，主动上门求职，尽管如此，他还是没有收到工作邀请。他甚至连一个面试的电话都没有接到。

不过，贾斯瓦尔认为，他求职的困境不仅仅是因为经济衰退。从求职公司打听到的零星反馈中，他意识到，这些公司一开始就没有把他视为一名可用的员工。他在学校学的是建筑，但他的课程主要集中在设计和理论。他接受过创造性设计项目的培训，可这些项目与实际建筑规范、建筑成本和复杂软件的运用脱节。由于他在学校学的项目设计作品集与建筑师所使用的技术文档不一样，公司方认为，如果雇用他，需要对他进行漫长的培训，而目前很少有公司能负担得起。

贾斯瓦尔需要想出一个新方案。提交更多的简历，无数次直接冲进办公室，对他找工作都收效甚微。他需要一个新的作品集来证明他拥有公司所需要的技能。他需要向他们展示，他可以从第一天就开始工作，成为一个有价值的团队成员，而不是一个负担。

要达到目的，除了在学校学到的宏观的理论和设计之外，他还需要更多地了解建筑师在现实中是如何绘制建筑规划图的。贾斯瓦尔对他们的绘图细节知之甚少，他们用什么代码来代表不同的材料，以及图中显示和省略的内容是什么，贾斯瓦尔一概不知。为此，他在一家大型印刷店找了一份工作，这家印刷店主要印刷大纸张的建筑蓝图。在印刷车间工作，工资低，技能含量低，这显然不是贾斯瓦尔的最终职业目标。不过，为了为新的项目作品集做好充分准备，他需要这个工作经历，况且这笔薪水还可以让他勉强度日。更棒的是，在印刷店，他每天都能接触到公司使用的蓝图。他弄清楚了这些蓝图是如何与实际建筑契合的。

接下来，贾斯瓦尔需要提升他的专业技术能力。几次登门应聘后，他注意到他求职的许多家公司都在使用一款名为Revit的复杂设计软件。他想，如果他能熟练掌握这款软件，他就能在初级职位上大展身手，这些职位技术含量很高，是他梦寐以求的。因此，他利用晚上的时间，在网上学习软件教程，自学软件运用。

最后，他准备在简历中增加一个新的项目设计作品集。他将自己在Revit方面学到的软件知识与在印刷店工作时学到的建筑图纸知识结合起来，制作了一个新的作品集。他没有像在大学里时那样设计各种各样的建筑项目，而是专注于设计单一建筑：一个带有凸起庭院和现代美学的三塔住宅结构。这个项目又进一步迫使他提升了软件应用技能，他不得不学习新的方法和理论，这远远超越了他在网络课程和印刷店学到的东西。经过几个月的努力，他终于准备好了。

贾斯瓦尔拿着新的项目设计作品集，再次把简历投递给建

筑公司，不过这次，他只选择了两家。出乎意料的是，这两家
公司都向他递来了橄榄枝，邀请他入职。

直接的重要性

贾斯瓦尔的故事完美地说明了超级学习的第三个原则：直
接。通过实地观察建筑实施过程，掌握了与梦寐以求的工作岗
位密切相关的技能，他最终在众多的应届毕业生中脱颖而出。
这套令人刮目相看的新项目作品集实在是功不可没。

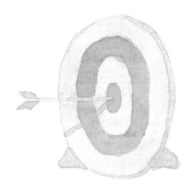

原则 3　直接：勇往直前

直接指将学习理论与实际的使用情境或环境紧密联系起
来。在这个例子中，贾斯瓦尔为了在职场上赢得优势，自学了
大量的建筑技术知识。他选择用这些公司使用的软件来描绘建
筑蓝图，并按照这些公司实际采用的风格进行设计。自学有很
多途径，但大多数都不是与目标直接关联的。我访谈的另一位
建筑师与贾斯瓦尔刚好相反，他的目标是通过深化设计理论知

识来提高自己的就业竞争力。虽然这听起来比较有趣，但与他
在基层工作中会使用的实际技能毫无关联。正如贾斯瓦尔努力
凭借着他在大学的项目设计作品集找工作一样，我们中的许多人也正在为我们想要从事的职业和达成的个人成就设定错误的"作品集"：我们想学会一门新语言，却指望通过玩有趣的语言应用程序来学，而不是与人真正用该语言交流。我们希望从事协作开发、专业开发的程序设计工作，却独自一人编写代码脚本。我们想成为伟大的演讲者，就去买了一本关于沟通的书来读，而不是当众练习演讲。凡此种种，问题都是一样的：直接学习让我们感觉不适、无聊或沮丧，所以我们单纯满足于一些图书、讲座或应用程序，并寄希望于它们最终能让我们学会某种技能。

> 直接学习让我们感觉不适、无聊或沮丧，所以我们单纯满足于一些图书、讲座或应用程序，并寄希望于它们最终能让我们学会某种技能。

　　直接学习是大多数超级学习项目的标志。[一]经过直接参与模拟训练，一遍遍回答往届节目中的百科知识问题，罗杰·克雷格最终参加了《危险游戏》智力竞赛电视节目并一举夺魁。埃里克·巴隆，通过为他的电子游戏直接进行艺术设计来学习像素艺术。本尼·刘易斯更直接，他从第一天开始，坚决不讲英语，试着和他人用新语言直接对话来快速学语言。这些方法的共同之处在于，他们总是将学习的技能与其最终运用的环境

　　[一]　正如我在这里所写的那样，直接性与心理文学中的恰当的迁移过程
　　　　的概念密切相关。

相联系，在用中学。

与此相反，在较为传统的课堂式授课中，一直备受青睐的是学习事实、概念和技能（间接学习）。而且所用的学习方法与最终的应用过程相去甚远：例如，还没有弄明白要解决什么问题就先掌握了公式；记外语单词不是因为需要运用，而是因为单词表上有；花大量时间解答高度理想化的问题，而这些问题毕业后再也不会碰到。

间接学习法并不仅限于传统教育。许多自主学习者也陷入了间接学习的陷阱。以目前最流行的语言学习应用程序多邻国（Duolingo）为例。多邻国是一家成立于美国的互联网公司，致力于将免费的语言教育带给世界。从表面上看，这个应用程序有很多令人爱不释手的地方。它丰富多彩、有趣，让你有一种强烈的成就感。但我怀疑，如果你的目标是最终能够说这门语言，那这种成就感在很大程度上只是一种幻觉。要想知道为什么，看看多邻国是如何鼓励你练习的吧。该程序提供英语单词和英语句子，然后让你从一个单词库中挑选词汇来翻译。⊖问题是，这与真正会说一门语言完全不同！在现实生活中，你会先试着把一个英语句子翻译成你想学的语言。然而，真实的对话场景并不会呈现为多项选择。相反，你必须从记忆中检索出实际要运用的单词，或者如果你还没有学会使用你想用的单词，你需要找一些替代的单词。从认知的角度来说，这与从一个高度有限的词库中挑出匹配的译文是完全不同的过程，而且

⊖　公平地说，确实有方法通过多邻国获得更直接的练习，但这只能通过手机版上反复练习相同的课程来实现。

难度大得多。本尼·刘易斯直接用对话的方式来学语言，一开始可能很难，但它有助于他完美地转换到他最终想要擅长的活动：对话。

在 MIT 挑战中，我意识到，要想最终通过课程考试，最重要的资源不是能讲座的录音，而是习题集。然而，自这个项目开始后的这些年里，当学生们向我寻求帮助的时候，他们经常会抱怨一些课程没有上课视频，却很少会抱怨习题集不完整。在我看来，大多数学生把坐着听讲座作为他们学习课程教材的主要方式，而做那些与期末考试基本相似的习题，只不过是对知识的一种肤浅的检查。虽然在开始真正做练习的时候，先吃透教材必不可少，但直接学习原则认为，只有在你想习得的技能上进行大量实践时，你才会真正学懂、悟透。这条规则少有例外，但如何打破一个多世纪以来应试教育的桎梏，改从实践中直接求学，一直是个棘手的问题。

最简单的直接学习法就是：在你想学有所成的领域多加实践。如果你想学一门语言，那就去说，去直接对话，就像本尼·刘易斯那样。如果你想精通电子游戏制作，那就像埃里克·巴隆那样去做吧。如果你想通过考试，直接去做习题集，去解答可能出现在考试中的各种问题，就像我在 MIT 挑战中做的那样。这种"做中学"的方式并不适用于所有的学习项目。现实的场景可能是

> 这种"做中学"的方式并不适用于所有的学习项目。现实的场景可能是不常见的、很难甚至不可能模拟创造的，因此你不可避免地要在不同的环境中学习。

不常见的、很难甚至不可能模拟创造的，因此你不可避免地要在不同的环境中学习。罗杰·克雷格不可能现场参加《危险边缘》智力竞赛节目上百次。他知道他必须在不同的环境中训练，并准备在时机成熟时将储备的知识运用到节目中。在这种情况下，直接学习并不是一次孤注一掷的赌博，而是可以逐渐提高自我表现的方法。诚然，克雷格的方法，即通过回答以往《危险边缘》智力竞赛节目问题的训练方法，比他从随机话题中学习要有效得多。贾斯瓦尔在学建筑专业时也受到了环境的限制，因为建筑公司没有雇用他，他没办法在实务中学习。他通过直接学习建筑公司使用的同一款软件来解决这一窘境，并根据在实际操作中完成的相同类型的图纸和效果图设计了项目作品集。直接学习也会伴随着挑战：有时你想要发展的这项技能，不能简单地运用于实际场景。即使你可以直接"做中学"，这种方法通常也比被动地看课堂视频或玩一个有趣的应用程序更让人紧张、不适。因此，如果你不对直接学习多加关注，就很容易陷入糟糕的学习策略。

也许，贾斯瓦尔的事例给予我们最大的收获，不是自学的成功，而是正规教育的失败。毕竟，在完成大学四年建筑专业的学业后，他的困境才出现。那么，为什么这样一个小项目——毕业后他进行的这个超级学习项目，会对他的就业力产生如此大的影响呢？为了回答这个问题，我想谈谈教育心理学中最顽固、最令人困扰的问题之一：迁移问题。

迁移：教育的污点

迁移被称为"教育的圣杯"。你将在一种环境中（比如在教室里）学到的东西在另一种环境中（比如在现实生活中）使用，这就是迁移。尽管这听起来很术语化，但"迁移"确实体现了我们对几乎所有学习的期望——我们可以将在一种环境下所学到的知识应用到新的环境。任何达不到这一标准的行为都很难被描述为学习。

不幸的是，尽管经过了一个多世纪的努力和研究，迁移在正规教育中基本上没有实现。心理学家罗伯特·哈斯克尔（Robert Haskell）在查阅"学习中的迁移"的大量文献后，指出，"尽管学习迁移很重要，但过去90年的研究结果清楚地表明，无论是作为个体，还是作为教育机构，我们没有实现任何显著水平上的学习迁移。"[2] 他后来补充说，"毫不夸张地说，这是一桩教育丑闻。"实际情况比听起来更令人不安。哈斯克尔指出："我们期望有学习迁移，例如，从高中的心理学导论课程到大学心理学导论课程。然而，人们多年来都知道，上过高中心理学课程的大学生并不比高中没上过心理学课程的学生成绩好，有些同学甚至表现更差。"在另一项研究中，大学毕业生被问及有关经济方面的问题，结果发现，上过经济学课的人和没上过的人在表现上没有差别。[3]

列举多项与知识点相关的实例似乎有助于学习迁移，但认知科学研究者季清华（Michelene Chi，主要研究领域为基于认知和学习科学的主动学习）指出："在迄今为止几乎所有的实证研究中，就列举实例带来的效果而言，通常情况是，研究过实例的学生往往不能解决稍微偏离示例解决方案的问题。"[4] 在《未受学科训练的心智》一书中，发展心理学家霍华德·加德纳（Howard Gardner）指出，大量证据表明，即使是"在大学物理课程中获得优异成绩的学生，也常常无法解决他们遇到的基本问题，甚至，与他们在正式讲授课和测试中遇到的形式略有不同的问题，他们也解决不了"。[5] 知识迁移的失败也不局限于学校。企业培训也受到影响，前时代镜报培训集团主席约翰·H. 曾格（John H. Zenger）写道："对培训成效进行严格评估的研究人员说，很难发现培训后有明显的变化。"[6]

对一般知识迁移失败的认识，和这一研究问题本身一样，历史悠久。1901 年，心理学家爱德华·桑代克（Edward Thorndike）和罗伯特·伍德沃斯（Robert Woodworth）首次对这个问题进行了抨击，他们发表了开创性的论文《一种智力功能的改善对其他功能效率的影响》。在这篇文章中，他们攻击了当时占主导地位的教育理论，即所谓的正统学科理论。这一理论认为，大脑类似于肌肉，包含记忆、注意力和推理能力，无论从哪方面训练这些肌肉，都能带来整体性的提高。这是拉丁语和几何学普及教学背后的主要理论，认为这样可以帮助学生更好地思考。但桑代克反驳了这一观点，他证明了迁移能力比大多数人想象的要差得多。

尽管学习拉丁语已经不再流行，但许多教育专家正在重新启用正统学科理论的新形式，建议每个人都学习编程或批判性思维，以提高智力。许多流行的"大脑训练"游戏如出一辙，认为对一组认知任务的深度训练，可以深化日常推理能力。虽然这种方法在一百多年前已被证实无效，然而学习迁移所带来的诱惑仍然使许多人前赴后继，从中去找寻教育的圣杯。

尽管如此，情况并非完全没有希望。虽然实证研究和教育机构成果往往未能证明存在明显的学习迁移，但也不能说明迁移不存在。威尔伯特·麦基奇（Wilbert Mckeachie）在做迁移的综述时指出："迁移是自相矛盾的。当我们想要它时，我们得不到，但它时时刻刻都在发生。"[7]每当你使用一个类比，说某件事像另一件事时，你就在迁移知识。如果你先知道如何滑冰，然后再学滑旱冰，你就在迁移这一技术。正如哈斯克尔所指出的，如果迁移真的不可能发生，我们将无法正常工作。

那么如何解释这种脱节呢？如果学习迁移是这个世界运作必不可少的东西，为什么教育机构要努力证明迁移的显著性呢？哈斯卡尔认为，一个主要原因是，当我们的知识有限时，迁移往往更难。当我们在一个领域学会更多的知识和技能时，我们就会变得更加灵活，也更容易将其应用在狭义环境之外的广阔天地。这里，我想补充一点自己的假设来解释迁移问题：正因为大多数正规学习都是间接性的，所以迁移很难发生。

用直接学习法克服迁移问题

直接学习从两个方面解决了迁移问题。首先也是最明显的一点是，如果你的学习与你最终想要运用的技能领域有直接的联系，那么远距离迁移的需求就会大大减少。鉴于一个世纪以来的研究都表明迁移的困难，同时提出的解决办法也未能提供持久的结果，任何学生都必须认真对待这样一种观念：把你在一种情境中学到的东西迁移到另一种迥然不同的情境中，很容易落入知识的陷阱。如果就像哈斯克尔所说的，"要是学习是固定在一个地方或一个主题上"，而且学习环境与我们想要应用的场景一致，那就好多了。

其次，我认为，直接学习，除了防止远迁移外，它还有助于知识迁移到新的学习环境中。现实生活中大多数场景，许多微妙的细节大同小异，而这些细节在课堂或课本的抽象环境中是无法共享的。学习新东西很少只依赖于现有的大量容易表达的知识，而是依赖于知识如何与现实相互作用的无数微小细节。通过在真实的环境中学习，人们能学到许多隐藏的细节和技能，相较于教室的人工环境，这些技能更有可能借助现实环境实现迁移。举个我自己的例子，我发现在"不准说英语"项目中最重要的技能之一，是能够快速使用手机上的词典或翻译应用程序，在交谈中这可以弥补我语言上的不足。然而，在语言学习课程中，这种实践技能很少被涵盖。虽然这是一个微不足道的例子，但是现实生活中包含了成千上万这样的技能和知识。如果你想在现实世界中应用学校学来的知识，参与实践是必要的。

最终，能否找到教育的圣杯需要由研究人员确定。而作为学习者，我们必须接受这样一个事实：最初学习的效果往往会只停留在我们学习的环境中。从课堂中学习算法的程序员可能无法识别何时在代码中使用它。从商业图书中学习到一种新的管理哲学的领导，可能还是会用她一直使用的方法对待员工。举一个我最喜欢的例子：一群朋友邀请我去赌场玩。我问他们是否曾经因为学习而觉得赌博失去了乐趣，他们只是茫然地看着我。我觉得这很有趣，因为学生们都是精算师。他们在课堂上学习了这么多年的统计学知识，他们本应该相信，自己不能指望能打败赌场，但他们似乎并没有意识到这两者之间的联系。因此，当我们学习新事物时，我们应该努力将它们直接与我们要使用它们的场景联系起来。基于现实环境构建知识比传统策略要好得多。传统策略是间接学习新知识，指望让我们能够在未来某个不确定的时间将其迁移到真实环境中，这通常是比较困难的。

> 当我们学习新事物时，我们应该努力将它们直接与我们要使用它们的场景联系起来。基于现实环境构建知识比传统策略要好得多。

超级学习者如何避免迁移问题直接学习

考虑到迁移问题和直接学习法的重要性，让我们看看在不同的超级学习项目中运用迁移的一些方式。最简单的直接学习法是在"做中学"。只要有可能，请把你的大部分学习时间花在你想做得更好的事情上，直接学习就会水到渠成。如果办不到，你就需要人为创建一个项目或环境来检验该项技能。这里最重要的是，你试图掌握的技能的认知特征和你练习的方式要基本上是相似的。再来看看克雷格模拟《危险边缘》智力竞赛节目，他通过模拟回答以前节目中出现的问题来训练。事实上，他使用的是真实的过去的竞赛问题，这比他的程序是否与节目显示器上显示的蓝色背景颜色匹配更重要，因为背景颜色没有提供任何可以改变他对问题的回答的信息。他正在练习的答题技巧并没有因此而改变多少。相比之下，如果他从一个不同的游戏（比如棋盘游戏"追根问底"）中选择一些琐碎问题，那么问题的典型提问方式、问题的主题或难度可能会有所不同。更糟糕的是，如果他把所有的时间都花在随机阅读维基百科上的文章来获得百科小知识，他就不能根据《危险边缘》智力竞赛节目中隐蔽的线索，训练检索答案的基本技能了。

在其他情况下，你想要获得的可能不是一项实用技能。我见到的很多超级学习者，他们的终极目标是把某门学科理解得特别透彻，比如维夏尔·麦尼（Vishal Maini）的机器学习和人工智能。甚至我自己的 MIT 挑战项目也是基于对计算机科学的深入理解，而不是更实际的目标，比如开发一款应用程序或视频游戏。这些案例似乎暗示直接学习法无足轻重，其实并非如此，只是你想要应用这些理念的地方不那么明显和具体而已。在麦尼的例子中，他希望能够理智地思考并能就机器学习发表中肯的观点，能在一家使用这些方法的公司中找到一个非技术职位足矣。这意味着，能够清晰地表达他的想法，清楚地理解概念，并能够与知识渊博的从业者或外行讨论这些概念是很重要的。他的目标是制作一个迷你课程来解释机器学习的基础知识，也就不难理解了。他的学习直接关系到他想把这一技能应用到哪里：与他人交流。

虽然关于知识迁移的研究结果令人沮丧，但我们仍然心存一丝希望，即对某一学科更深入的了解将使我们能在未来更加灵活地对其进行迁移。虽然我们的知识架构开始时很薄弱，但它们与我们的学习环境和背景结合紧密，随着投入的精力和时间越来越多，它们变得更加灵活，可以被更广泛地应用。这是罗伯特·哈斯克尔的结论，尽管它没有为初学者提供一个短期的解决方案，但确实为那些想要继续学习某一学科直到精通的人提供了一条出路。许多精通某一领域的超级学习者是迁移大师；毫无疑问，这很大程度上是由于他们的知识深度使得迁移更容易完成。丹·埃弗里特就是一个典型例子，我们在原则 1 那一章的开头介绍过他。与那些只学过第二种语言或只在学校学过外语的人相比，他语言掌握的深度使他学习新语言相对容易，

> 许多精通某一领域的超级学习者是迁移大师；毫无疑问，这很大程度上是由于他们的知识深度使得迁移更容易完成。

如何直接学习

既然间接学习的困境证据充分，为什么在学校甚至许多失败的自学尝试中，它们仍然是默认项？答案是直接学习很难，往往比读书或听讲座更令人沮丧、更有挑战性、更令人紧张。

但正是这种困难为任何想成为超级学习者的人创造了一个强大的竞争优势来源。

如果你不怕这些困难，愿意应用直接学习的策略，你最终会更有效地学习。让我们来看看这些超级学习者采用的高效学习策略，他们钻了一般传统学校教育不足的空档，为自己赢得了竞争优势。

策略 1：基于项目的学习

许多超级学习者选择项目而不是课程来学习他们需要的技能。理由很简单：如果你学习的目的是制造，你得保证自己至少学会如何制造。如果你按部就班式上课，你就会花很多时间记笔记和阅读，但仍然没办法实现你的目标。基于项目的学习，一个完美的例子就是通过创建自己的电脑游戏来学习编程。工程、设计、艺术、作曲、木工、写作和许多其他技能都很自然地融入最终能产生成果的项目。一个知识主题也可以成为一个项目的基础。我采访过一个超级学习者，他的项目还在进行中，他想学习军事史。他的项目是努力写出一篇论文。他的最终目标是能够就这一主题进行有见地的交谈。因此，单纯地阅读大量图书而不动笔，远不如撰写一篇原创论文直接有效。

策略 2：沉浸式学习

沉浸式学习指将你自己置身于目标环境的过程，在这个环境中你可以练习技能。这样做的好处是你需要比一般情况下做更多的练习，同时你也能接触到相关技能在更广泛范围内运用的情况。学习语言就是沉浸式学习的典型例子。通过让自己沉浸在说这种语言的环境中，相比其他方式，你最终会有更多练习语言的机会（因为你别无选择），并且你也会面临更多样化的会话场景，不得不学习新的单词和短语来应对。浸入式学习并不仅仅局限于语言学习。积极加入学习社团也能产生类似的影响，因为它鼓励人不断接触新想法和挑战。例如，新手程序员可能会加入开源项目，让自己面对新的编码挑战。

策略 3：飞行模拟器法

沉浸式和基于项目学习法都很好，但是许多技能没有办法直接实践。比如像驾驶飞机或做手术这样的技能，只有投入了大量时间的实习培训，你才能合法地在真实的环境中练习。那怎么办呢？

我们必须注意到，对于迁移来说，重要的不是学习环境的特征，比如你在什么房间或者你在学习时穿什么衣服。相反，它是一种认知特征——在某些情况下，你需要就该做什么做出决定，并提取你已经储存在大脑中的知识。这表明，当不可能进行直接练习时，模拟环境也会起作用，在一定程度上它仍然遵循有关任务的认知要素。对于驾驶飞机来说，如果飞行员能够充分地运用辨别能力和决策能力，那么在飞行模拟器上练习就可以像驾驶一架真正的飞机一样有效。并不需要更好的图像和声音，除非它们能改变飞行员所做决定的性质，或者改变飞行员收到的关于何时使用某些技能或知识的提示。[8]

在评估不同的学习方法时，那些仿真模拟的直接学习法能更好地迁移。因此，如果你想在去法国旅行之前评估学习法语的最佳方式，除了翻转记忆卡，你也可以通过 Skype 辅导获得更多（尽管不是完美的）。

策略 4：撒手锏

我发现提高直接性的最后一个方法是增加挑战难度，这样所需要的技能水平就完全包含在所设定的目标中。特里斯坦·德·蒙特贝洛在准备参加世界演讲锦标赛时，督促自己到中学去演讲。他的想法是，他在演讲俱乐部收到的反馈，要么过于温和，要么就是敷衍的恭维，他无法深入探讨演讲中成功和失败之处。相比之下，中学生是冷酷无情的。如果他说的笑话不好笑，或者他的表达方式无聊或俗气，他可以立即能从他们的脸上辨别出需要修改的内容。撒手锏就是把自己放在一个要求非常高的环境中，这样你就不会错过任何重要的教训或反馈。

通常，进入这种环境，你会感到紧张。你可能会觉得你还"没有准备好"开始说一门你几乎没有学过的语言。你可能会害怕站在台上发表你没有完全记住的演讲。你可能不想直接编写自己的应用程序，而更喜欢观看其他人编写代码的视频。这些担忧往往只是暂时的。一旦你有足够的动力开始，长期坚持下去就会容易得多。在我的语言学习项目过程中，每到一个新国家的第一周，我总是感到震惊，但很快，我就完全适应了在全新的语言中生活，一切都正常了。

如果你将目标锁定在某个要求严格的特定测试、性能或挑战上，这未免过犹不及。本尼·刘易斯喜欢尝试语言考试，因为考试对他而言是具体的挑战。他在德语学习项目中，打算参加最高水平的考试，因为他意识到，与流畅的沟通能力相比，这个目标更能推动他学习。我的另一个朋友决定展示她的摄影作品，而且把这作为一种方法，来推动她不断精进摄影技术。预先设定你的作品是会被公开展示欣赏的，你的学习方式会随之改变，它会推动你在梦想的领域表现得更好，而不仅仅是让你满足于学到事实性知识。

直接从源头学习

我了解到的许多成功的超级学习项目，其明显标志之一就是直接学习，这与我们大多数人习惯的教育方式有很大的不同。每当你学习新的知识时，一个好习惯是：问问自己你要将知识应用到哪里、如何应用。回答完这个问题，再可以问自己，你是否采取了实际行动，来把你所学到的知识与其应用环境联系起来。如果没有，你需要谨慎采取行动，因为迁移问题可能已经出现苗头。

直接学习的措施，对你应该怎么做才能学好这个问题，只给出了一半的答案。在你最终想要使用所学技能的环境中，进行大量的直接实践是一个重大的开始。然而，要想快速掌握技能，大量的实践还不够。这就引出了我们的下一个超级学习原则：训练。

原则 4　训练：攻克薄弱环节

能弹好一首音乐曲目中最难的小节，整个曲子就能演奏好了！

——菲利普·约翰斯顿（Philip Johnston），作曲家

本杰明·富兰克林（Benjamin Franklin）一生扮演了许多角色——企业家、发明家、科学家、外交家和美国的国父，但他首先是一名作家。他最初通过写作一举成名。他先在他哥哥的印刷公司当学徒，在他即将转正并签订劳动契约前，他逃离了波士顿，来到费城。在那里，他身无分文、默默无闻，不得以再次任职于另一家印刷公司（没曾想后来成为这家公司的竞争对手）。富兰克林的《穷理查年鉴》成为国际畅销书，其销

售收入足以让他即使在 42 岁退休，也能衣食无忧，他也准备安享晚年。然而，正是在他后半生，[1] 他的作品改变了世界。[2]

作为一名科学家，富兰克林的数学很糟糕，比起宇宙的宏大理论，他对实际结果更感兴趣。然而，英国化学家汉弗莱·戴维（Humphrey Davy）爵士指出，他的散文"既适合哲学家，也适合外行阅读"，并补充说，"他把细节描写得既有趣又明了。"[3] 他擅长写作的优势及其作品在社会上的影响，使他享誉海内外。

在政治上，富兰克林的写作才能再次帮助他赢得了盟友，并说服了潜在的对手。在美国独立战争之前，他写了一篇文章，题目是《普鲁士国王的法令》，照理说应该是由普鲁士国王腓特烈二世写的。在这篇文章中，他讽刺了英美关系，他建议，由于不列颠群岛的早期定居者是德国人，"税收（应该）由普鲁士国王从英国的这些殖民地中筹集"。

后来，也正是由于他卓越的写作才能，他被推举起草《独立宣言》。他在《宣言》中借用了托马斯·杰斐逊（Thomas Jefferson）的话，使其成为现在家喻户晓的口头禅"真理是不言而喻的"。

我们很想知道，富兰克林如此惊人的写作才华、如此具有感召力的文笔，是如何练成的呢？幸运的是，与许多其他伟大的作家略有不同，这些作家是如何努力磨炼自己的表达技巧的，至今仍然神秘莫测，而富兰克林，曾亲自说过他是如何做到妙笔生花的。在他的《自传》中，他详细描述了自己在童年时期为练习写作技巧而做出的不懈努力。这一切始于童年时代和一位朋友就女性教育的价值进行的辩论（富兰克林支持，他的朋友反对）。当时他的父亲注意到，他在语言表达方面缺乏说服力。富兰克林因此"决心努力改进"，并且做了一系列的练习来锻炼他的写作技巧。

他记录的其中一个练习是拿他最喜欢的杂志《旁观者》来读，对其中的文章做笔记。然后，他会过几天再回过头来看，试图根据记忆重构出最初的论点。之后，他"将我作为旁观者的意见与原文进行比较，发现了一些不足之处，并加以改正"。意识到自己的词汇量有限，他想出了另一种策略：把散文变成韵文，用同义词来替换字句，并保持原文的格律或押韵风格。为了文章中的修辞更加流畅而自然，他又尝试了模仿法，但这次他弄混了提示，他必须在重写时确定文章观点的正确顺序。

掌握了一些写作技巧后，富兰克林就开始写更难一点的文章，即用一种令人信服的风格来行文。当年他阅读一本英语语法书时，偶然接触到了苏格拉底问答法，即通过探究问题而不是直接反驳来质疑别人的观点。然后他就开始写作了。在写作中，他小心翼翼，避免"直接冲突和激烈争辩"，而是专注于做一个"谦卑的探寻者和质疑者"。

天道酬勤。他早年的努力，终于让他得偿所愿。16岁的时候，他就想发表自己的作品。由于担心哥哥会立即拒绝，他伪装了自己的笔迹，以"沉默狗"这个笔名提交了文章，声称自己是一名住在农村的寡妇。他的哥哥不知道真正的作者是他，批准并发表了这篇文章，富兰克林默默受到鼓舞，作品写得越来越多。尽管开始时是为了让作品被公平地考量，他不得已使用了这一诡计，但富兰克林以其他人物角色的口吻叙事的写法，在他后来的职业生涯中，被证明是非常宝贵的经验。例如，《穷理查年鉴》就是从理查和布里吉特·桑德斯（Bridget Saunders）这对生活简单的夫妻的角度来写的，他的政治散文如《普鲁士国王的法令》，也同样灵活地采用了想象的视角。

如果富兰克林当初没有苦练写作技能，很难想象他会成为今天家喻户晓的人物。无论是商业、科学还是治国之道，他之所以成就如此斐然，语言如此具有感召力，都得益于他出色的写作能力。富兰克林的杰出之处不仅在于他留下来大量作品以及他的天赋，还在于他提升写作能力的训练方式。他打破传统写作技巧训练方法，把写作要素分成几个独立的单元，逐一攻克。这种方式，让他在很小的时候，就逐步掌握了写作要领，并将其应用到的其他事业追求中，使他一举成名。进行细致分析，之后有意识地针对弱项反复训练，这些构成了第四个超级学习原则的基础：训练。

学习的化学反应

在化学中，有一个概念叫作速率控制步骤（限速步骤），一般发生在需要经过多个步骤的化学反应中，只有等前一个反应的生成物变成下一个反应的反应物时，反应才会继续进行，如果其中的一个步骤进行的速度远较其他速度慢，则该步骤决定了总的反应速率。鉴于限速步骤是反应链中最慢的部分，这形成了一个瓶颈，最终决定了整个反应发生所需的时间。我想说的是，学习通常是类似的，学习问题的某些方面会形成瓶颈，控制你熟练掌握整体技能的速度。

原则 4　训练：攻克薄弱环节

以数学学习为例。这是一项复杂的技能，有很多不同的部分：你需要能够理解基本概念，你需要记住解决特定类型问题的算法，你需要知道它适用于什么应用环境。这种能力的基础是做算术和代数的能力，它让你日后能够解题。如果你的算术很差或者你的代数不好，即使你已经掌握了其他的概念，你也会解错。

另一个限速步骤是学习外语时的词汇量。流利地说出的句子数量取决于你记住了多少单词。如果你识记的词汇太少，你的表达就会受到限制。如果你能突然将数百个新单词注入你的大脑数据库，你的流利程度可能会大大提高，即使你的发音、语法或其他语言知识没有改变。

这就是反复训练背后的策略。在学习中确定一个限速步骤，将它分离出来，并对它进行专门训练，因为它支配着你在该技能上的整体能力。比起同时练习该技能的各个方面，提高这一短板，你会提高得更快。富兰克林正是具备这种见识，才能迅速提高自己的写作水平：通过识别整体写作技巧的单个组成部分，找出于他而言

> 在学习中确定一个限速步骤，将它分离出来，并对它进行专门训练，因为它支配着你在该技能上的整体能力。

最重要的部分，然后制定出有效方案在训练中不断强化学习。不用花很多时间，他就能学得又快又好。

训练和认知负荷

　　学习中的限速步骤，即复杂技能中的某个部分决定你的整体学习水平，是进行训练的有力理由，却并不是唯一一个。即使在某项技能中你没有发现有短板阻碍了整体表现，进行训练仍然是一个好办法。

　　原因是，当你在练习一项复杂的技能时，你的认知能力（注意力、记忆、努力等）必须分散到任务的多个方面。富兰克林写作的时候，不仅要考虑论点的逻辑性，还要考虑用词和修辞风格。这可能会造成一个学习陷阱：为了提高在某一方面的表现，你可能需要在这一方面投入太多的注意力，以至于其他方面的表现开始下降。如果你只根据你在整体任务上的进步来评价自己，那你的进步就会慢下来。很显然，此时的你在整体任务上表现得更差，而在某一特定部分表现得更好。

　　训练可以解决这个问题，通过简化一项技能，你可以把你的认知资源集中在一个方面。当富兰克林专注于重新构建他之前读过的文章的逻辑顺序时，他全神贯注地思考什么样的逻辑顺序才能成就一篇好文章，他不用担心单词的用法、语法和论点的内容。

　　敏锐的读者可能会注意到这个原则和上一个原则之间的冲突。如果直接学习关乎整个技能在现实中的最终运用，那么训练反而会适得其反。如要反复训练，则需要先进行直接学习，并将其分解，这样你才能训练一个独立的部分。怎样来化解这个矛盾呢？

先直接学习再反复训练的方法

当我们把直接学习和反复训练看作一个更大的学习周期中的交替阶段时，它们之间的冲突是可以缓解的。许多学习策略容易犯的错误是忽略"直接语境"或将其抽象出来，寄希望于学习好子技能，最终实现

> 我们把直接学习和反复训练看作一个更大的学习周期中的交替阶段

整体迁移。与此相反，超级学习者经常采用我称之为"先直接学习后反复训练"的方法。

第一步是尝试直接练习这个技能。这意味着必须弄清楚该技能将在何处使用，如何使用，然后在练习时尽可能接近理想情况。要通过说，练习一门语言，通过编写软件来学习编程，通过写文章来提高你的写作技巧。这个初始连接和随后的反馈循环能确保迁移不会产生问题。

下一步是分析直接技能，并尝试将其进行分离，分离出限速步骤环节或因为需要关注的事情太多而难以改进的子技能。至此，你可以单独训练那个环节或者某些子技能，直到熟练掌握。

最后一步是回到直接学习中，去整合你所学到的知识或者技能。这有两个目的。首先，即使是在精心设计的训练中，也

会有一些迁移上的小问题，因为以前孤立训练的技能必须迁移到一个新的、更复杂的环境中去。这就像建立结缔组织来连接你单独增强的肌肉。这个步骤的第二个功能是测试你进行的训练是否设计良好。许多独立训练的尝试都可能以失败告终，因为在实际操作中，反复训练的环节并不能真正触及项目的核心难点。没关系，这时反馈很重要，它可以帮助你节省时间，避免在与最终目标无关紧要的东西上浪费时间。

你进入这个学习过程越早，这个循环就应该越快。对于刚开始学习的人来说，在直接练习和反复训练之间循环往复是不错的方法，即使是在一小段学习时间里也可以这样做。之后，当你把自己训练的子技能学得更好，而且你需要做更多的努力来显著提升你的整体表现时，你就更容易接受在训练中走更长的弯路。当你接近精通时，你的时间可能会集中在训练上。因为随着你能越来越精准地掌握如何将复杂技能拆解为单个子技能，提高任意一项子技能会变得越来越难。

训练设计策略

在应用这一原则时，有三个主要问题。首先是弄清楚什么时候训练什么。你应该关注，技能的哪些环节是限速步骤，这有可能会决定你的整体学习表现。你提高了某项技能的那个子环节后，就能用最少的努力来最大化提高整体能力。如果你没有掌握好 Excel，会计技能就可能会受到限制不能充分发挥，这也会阻止你将所有学到的会计知识应用到实际情况中。即使你知道用恰当的单词来表达，但发音不准确，也会影响你的整体语言能力。同时也要注意你需要同时掌握技能的各个方面。这些可能很难改善，因为你不能投入足够的认知资源。写文章的时候，你不得不同时兼顾研究、叙事、词汇和许多其他方面，因而你很难在某一个方面投入更多精力。而且，训练什么似乎也很难决断，但其实不必如此，关键是要实验。不妨先对阻碍你的因素做一个假设，不断训练，力求解决，然后使用直接学习再反复训练的方法，是对是错，你可以很快得到反馈。

这个原则的第二个难点是设计出能够提高技能的训练项目。这难就难在即使你意识到自己在某方面表现很弱，要设计出一种方案，让它既能训练这方面的技能，又不需要人为去除它在实际应用中的困难，也可能会很棘手。我认为富兰克林的训练是不同寻常的，因为大多数人，即使认识到自己写作能力的某个短板，也不会创新地找到训练子技能的方法，比如排序论点使其更具感染力，模仿成功作家的写作风格。

最后，反复训练某项子技能很艰难，而且也会令人不快。例如，找出最糟糕的部分，然后单独练习，这需要勇气，毕竟把时间花在你已经擅长的事情上会更愉快。鉴于这种自然趋势，让我们来看看一些训练的好方法，这样你就可以开始应用了。

训练 1：时间切段

创建训练条目，最简单方法是在较长的动作序列中确定一个时间段。音乐家们经常做这样的训练。他们首先确定一段音乐中最难的几个乐段，之后逐一训练，直到能完美演绎，最后再把它们融入整首歌曲或交响乐中。运动员在训练技巧的时候也会这么做。通常这个技巧只占总比赛过程一小部分时长，比如上篮或罚球。在学习一门新语言的早期阶段，我经常入迷似的重复一些关键短语，以便长期记忆。从你正在学习的技能中，去寻找可以被分解为高难度或具有重要性的特定时段吧。

训练 2：认知成分

有时候，你想要练习的并不是某项宏大的技能，而是某个特定的认知成分。用一门语言交流时，语法、发音和词汇随时都会用到，但它们会形成不同的认知成分，必须同时进行管理。这里的策略是找到一种方法，只需练习其中的一个部分，其他部分会同时训练到。在学习普通话的时候，我会做一些声调练习，包括用不同的声调朗读单词，然后录下自己的发音。这让我可以快速地练习不同的音调，而不用分心做其他事，比如去记住单词的意思或如何构思语法正确的句子。

训练 3：模仿

在许多创造性技能的训练中，有个难点是，如果不同时训练其他方面，通常是不可能专门训练一个方面的。例如，如果富兰克林没有写过一篇完整的文章，他不可能获得富有逻辑、条理清晰的论证能力。要在学习中解决这个问题，你可以借鉴富兰克林的经验：抄写你不想训练的部分（从别人的文章或者你过去的文章），这样你就可以专注于你想要训练的部分。这样做不仅可以节省大量的时间，因为你只需要反复训练你正在训练的技能，还可以减少你的认知负担，这意味着你可以把重点放在某一方面，去做得更好。在刚开始练习画画的时候，我不仅照着图片画，还照着别人的画来练习。这样，我就能把注意力集中在写实画法技巧上，只需要决定如何框景，包含哪些细节。对于灵活的创造性作品，编辑你过去创作的作品可能有同样的效果，你可以选择性地改进你的作品的一个方面，而不必考虑原创作品的其他要求。

训练 4：放大镜法

假设你需要创建一些新的内容，但无法剪辑或分离想要练习的部分，如何创建训练项目呢？放大镜法是花更多的时间在某项技能上。虽然这可能会降低你的整体表现或增加投入时间，但你能花更多的时间和认知资源在你想要掌握的子技能上。我在写论文的时候花费了比以前多十倍的时间在研究上，并用这个方法来提高我的研究能力。尽管我还得完成论文的其他部分，但由于我花了比平时更多的时间做研究，我培养了研究的新习惯并掌握了新的研究技巧。

训练 5：前提条件

我从超级学习者身上反复观察他们常用的一个策略是，从一个不具备任何预备知识的技能开始。不可避免，他们做得不好，这时他们会后退一步，学习最基本的内容，然后重复练习。这种开头难、不得不学习必要的预备课程的做法，可能会令人沮丧，但它节省了大量的时间，让你不必去学习实际上对整体表现没有多大推动作用的子技能。例如，埃里克·巴隆完全通过制作电子游戏来开始他的像素艺术学习实验。当他在某些方面遇到困难，比如颜色，他就回去学习颜色理论，再来重复制作。本尼·刘易斯也有类似的习惯，他拿着一本词汇书就开始了口语练习，之后才开始学习语法，弄清楚怎么运用这些词汇。

用心训练

对很多人而言，训练似乎可能把学习向错误的方向推进。我们都花时间做功课，旨在深入了解事实和程序，结果却完全是在浪费时间。这通常是因为我们不知道我们所做的事情背后的驱动力，也不知道如何将它运用到更广泛的场景中。在没有场景预设的情况下，反复训练会让人头脑麻木。然而，一旦你发现反复训练成为你进一步完善的障碍，练习就会被赋予新的意义。在超级学习中，学习是由学习者自我主导的，而不是外部因素，因而训练有了新的活力。现在，你不是盲目地被迫去学习，而是自己来找到一种方法，通过加速学习你认为最困难的项目来提高学习效率。从这个意义上说，与传统的学习方式相比，训练在超级学习中

> 在超级学习中，学习是由学习者自我主导的，而不是外部因素，因而训练有了新的活力。

呈现出一种非常不同的风格。当你努力解决一个更复杂的学习挑战时，精心设计的训练会激发你的创造力和想象力，它绝不是毫无意义的苦差事。

训练是很难的，所以我们许多人宁愿避开。即使我们正儿八经进行训练，通常也是在我们感到有能力应付、感觉舒适的科目上。反复训练要求学习者不仅要深入思考正在学习的知识或者技能，而且要找出最困难的是什么，并直接攻克薄弱环节，而不是专注于最有趣的东西或已经掌握的东西。这不仅需要强大的动力，还需要你不排斥主动学习并乐在其中。富兰克林在他的自传中谈到了他为全身心投入写作所做的努力："我练习写作和读书的时间是在晚上、下班后或早上开始上班之前。"写作技能对他一生的成就功不可没，但刚开始时富兰克林仍然不得不在印刷厂当工头的哥哥手下长时间工作，然后把仅有的一点闲暇时间，贡献给提高写作技巧的训练。埃里克·巴隆同样重复了几十次像素艺术设计，不得已回头掌握了预备概念和理论，直到他能呈现完美的艺术作品。

训练的难度和实用性会呈现一个模式，并在整个超级学习原则中反复出现：脑力劳动比简单劳动对学习更有好处。这一模式在下一个原则——检索中表现得更为明显，在这个原则中，困难本身可能就是更有效学习的关键。

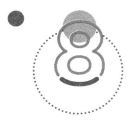

原则 5 检索：以测促学

从心出发慢慢回忆，比再看一遍书更有用。

——心理学家威廉·詹姆斯（William James）

1913 年春天，数学家哈代收到了一封信件，这封信永远改变了他的人生轨迹。这封信是由印度马德拉斯港口信托公司（Port Trust）办公室的一名会计寄出的。写信者首先做了一个简单的自我介绍，用词谦逊有礼，紧接着表述了一些惊人的论断。这位作者声称，他已经找到了定理，可以解答当时最优秀的数学人才尚未解决的问题。更重要的是，他声称自己"没有受过大学教育"，这些结论是他自己单独得出的。[1]

在数学领域，像哈代这样有声望的人，经常会收到一些业余奇才的来信，在信中声称自己已经解答了数学难题，所以一开始哈代只是简单地认为这封信没什么特别。尽管如此，他还是翻阅了附在信上的几页笔记，之后，写在笔记上的那些方程式就一直萦绕在他的脑中。几个小时后，他发现自己仍然在思考这些方程式，他把这封信拿给同事约翰·利特尔伍德（John Littlewood）看。他们两人都试着证明这个奇怪的论断。结果，他们花了很大的力气，才证明了其中一些，而另一些仍然无法证明。用哈代的话说："几乎难以置信。"哈代想，也许这不是一封来自疯子的信，而是某个与他们完全不同的人。

这些方程式如此怪异和陌生，以致哈代评论道："它们一定是真的，因为如果它们不是真的，那么没有人会具有发明它们的想象力。"那天他模模糊糊地觉得，也许他刚刚第一次遇到了史上最杰出、最古怪的数学家之一——斯里尼瓦瑟·拉马努金（Srinivasa Ramanujan）。

拉马努金的天赋

拉马努金给哈代的信改变了数学历史的进程。在给哈代写信之前，拉马努金是一个贫穷、矮胖的南印度男孩，他对方程式有着特殊的热爱。他热爱数学胜过一切。事实上，他对数学的狂热经常让他陷入困境。他不愿学习其他科目，因而被大学开除了。他脑子里只有方程式。在业余时间和失业期间，他一坐就是几个小时，手里拿着写字板，坐在自家门前的长凳上研究方程式。有时，他熬夜到很晚，他妈妈需要把食物递到他的手里，他才会吃。

由于离当时的数学研究中心相隔千里，因此获得高质量的教科书对拉马努金来说相当困难。他真正接触并充分利用过的数学材料是乔治·舒布里奇·卡尔（George Shoobridge Carr）的一本书，名为《纯数学与应用数学初等结果概要》。卡尔本人算不上数学天才，也算不上数学方面的杰出人物。这本书，旨在作为学生的指南，介绍大量来自不同数学领域的各种定理，但通常没有提供解释或证明。然而，即使没有证明或解释，在像拉马努金这样聪明而痴迷数学的人手中，卡尔的书也成为强大的学习资源。他不需要简单地复制和记忆某些定理是如何推导出来的，他自己能推理出来。

尽管当时的许多评论家，包括哈代，都认为拉马努金年幼时的贫困，以及他很迟才接触到最前沿的数学知识的经历，可能对他的数学天赋造成了不可弥补的伤害，但是现代心理学实验提供了不同观点：拉马努金对数学公式异常痴迷，在理解卡尔的大量定理过程中，他不知不觉地练习了一种最有效的方法来建立深层次的理解。

测验的效果

假设你是一个准备考试的学生。如何分配有限的学习时间？你有三种选择。首先，你可以复习材料。你可以查看你的笔记和课本，复习所有的知识，直到你确定自己记住了。第二，你可以自我测验。你可以把书合上，试着回忆里面有什么。最后，你可以创建一个概念图。你可以在图表中写出主要的概念，展示它们是如何组织的，以及它们与你需要学习的其他内容之间的关系。为了在期末考试中考出最佳成绩，如果你只能选一个，你应该选择哪一个？

原则 5　检索：以测促学

　　这是在一项调查学生学习策略选择的研究中，心理学家杰弗里·卡皮克（Jeffrey Karpicke）和贾内尔·布朗特（Janell Blunt）提出的基本问题。[2] 在这项研究中，学生们被分成四组，每组时间相同，但被告知使用不同的学习策略：一次性复习课文，反复复习课文，自由回忆和概念图。研究者要求每一组学生预测他们在即将到来的测试中的分数。那些重复复习的学生组预测他们的分数一定最高，紧随其后的是一次性复习小组和概念图小组，而那些自由回忆（在不看课本的情况下尽可能多地回忆）的学生组预测他们最后的表现会很糟糕。

　　然而，实际结果与预测相去甚远。自我测验——尝试在不看文本的情况下在头脑中检索信息——明显优于其他所有情况。对于直接根据课文内容提出的问题，那些练习自由回忆法的小组比其他小组多记住了近 50% 的内容。学生们已经花了数年时间来获得关于什么因素对学习重要的第一手经验，怎么可能会在什么因素实际产生结果的问题上如此误入歧途呢？

有人可能会认为，这种自我测验的优势仅仅源自衡量成功的方式。直接学习法认为迁移是困难的。自我测验和实际测试是最相似的，也许正是这种相似性使这种方法发挥得更好。要是评价方法不同，我们可能有理由怀疑用复习法或概念图法最后能得到更高的分数。有趣的是，在另一个实验中，卡皮克和布朗特证明这种说法不成立。在这个实验中，最后的测试是生成一个概念图。自由回忆法仍比概念图法学习效果更好，尽管后者与测试任务极为接近。

自我测验的益处的另一个可能解释是反馈。当你被动地复习时，你不会就你学习的长处和短板得到任何反馈，而测试通常会带来反馈，这或许可以解释为什么练习自我测验组的学生能打败概念图组或被动复习组的学生。虽然反馈价值无限，但再说一遍，检索的优势并不能简单地归纳为得到了更多的反馈。在上面提到的实验中，学生们被要求做自由回忆，对于他们漏掉或做错的项目，他们没有收到任何反馈。试着从记忆中唤起知识的行为本身就是一个强大的学习工具，而不仅仅是直接练习或反馈。

> 试着从记忆中唤起知识的行为本身就是一个强大的学习工具，而不仅仅是直接练习或反馈。

这种学习的新视角表明，卡尔的书中有一大堆没有解答的假设。幸运的是，拿到这本书的人有足够的动力去掌握这些定理和假设，这本书摇身一变，成为不可思议的工具，让这个人越来越擅长数学。由于手头没有答案，拉马努金不得不自己想出解决问题的办法，从脑海中去检索信息，而不是在书中去寻找答案。

学习的悖论

如果检索练习——试着从大脑记忆中去回忆事实和概念——对学习有这么好的效果，为什么学生们没有意识到这一点呢？只需要合上书，试着尽可能多地回忆就会提高他们的学习效果，可为什么许多人更喜欢坚持概念图或更低效的被动复习？

杰弗里·卡皮克的研究提供了一种可能的解释：人类没有能力确切地知道自己学得有多好。相反，我们需要从学习经验中获得线索，让我们感觉自己学得有多好。这些所谓的学习判断（JOL）部分基于我们处理任务的流畅程度。如果感觉学习任务轻松，我们更有可能相信自己已经学会了它。如果学习像一场战斗，我们会觉得自己还没有获胜。经过一段时间的学习，这些学习判断甚至可能是准确的。在用被动复习法学习几分钟后，学生们的表现要比他们练习回忆要好得多。[3] 当你去读而不是试图合着书回忆书里的内容时，你会觉得你学到了更多，这种感觉是并不是不

> 被动学习带来的短期收益并不能转化为真正的学习所需的长期记忆。

准确。问题随之而来。几天后再考一次，检索练习远远胜过被动复习。被动学习带来的短期收益并不能转化为真正的学习所需的长期记忆。

为什么学生选择低效的复习而不是检索？另一种解释是，他们觉得自己对材料不够了解，不足以自我测试。在另一个实验中，杰弗里·卡皮克让学生选择一种学习策略。不可避免地，那些表现较差的学生选择先复习材料，直到他们"准备好"开始练习测试。[4] 然而，如果通过实验干预，强迫他们更早地练习检索，他们就会学到更多。不管你是否准备好了，检索都更有效。如果你把检索和查找答案的能力结合起来时，检索练习会比大多数学生所使用的其他学习方法更好。

困难可取吗

是什么让积极检索比被动复习效果好得多呢？心理学家R. A. 比约克（R. A. Bjork）提出的"可取的困难"概念给出了一个答案。[5] 只要检索行为的方向是对的，越艰难的检索会带来越好的学习效果。在自由回忆测试中，学生需要在没有提示的情况下尽可能多地回忆，这比据线索回忆测试的效果更好，在线索回忆测试中，学生得到了关于他们需要记住什么的提示。反过来，线索记忆测试比识别测试（如多项选择题答案）要好，在这些测试中，只需要识别正确答案，不需要自己去思考解答过程。在学习一些知识之后立即对他们进行测试，或者稍微延迟测试——延迟的时间足以让他们遗忘考查的内容时，后者比前者更能提高记忆效果。可见，困难并不是进行检索学习的障碍，充其量只是部分原因。

检索中困难可取的观点为超级学习策略提供了参考。低强度学习策略通常较少或较容易检索。提高难度，在你"准备好"之前选择自我测试是更有效率的。我们可以回想一下前面谈到的本尼·刘易斯，他是从到达国外第一天就开始讲当地语言的。尽管这种方法难度很大，但研究表明，它比简单的课堂学习更有效。置身于更困难的环境意味着，每次刘易斯需要

> 提高难度，在你"准备好"之前选择自我测试是更有效率的。

检索回忆一个单词或短语时，他对这些词的记忆会比在教室里进行同样的检索时更深刻，更比仅仅观看词汇表时深刻得多。

如果难度太大，则这种方法不可取，因为你一点知识储备都没有就没办法进行检索。对新学会的知识，将第一次测试时间推迟下比学完马上测试要好。[6] 但是，如果你把考试时间拖得太久，你可能会完全忘记考试内容。[7] 因此，你必须要找到恰当的平衡点：时间间隔要足够长，让你能深刻地记住所检索的知识，但又不能太长，以免你什么都记不住。虽然在测试之前拖得太久可能会有缺陷，但通过给自己较少的线索和提示来增加难度对学习效果会有所帮助，前提是你稍后可以得到一些反馈。

你应该在开课前就参加期末考试吗

衡量测试的标准是评价你学到的知识，无论是通过阅读

还是听讲座。检索的概念颠覆了这种观点，它表明考试不仅是学习的动力源泉，而且与花同样多的时间复习相比，前者能让你收获更多的知识。然而，这仍然符合传统观念：首先获得知识，然后才能加强或检测。

检索研究中观察到一个有趣的现象，被称为前向测试效应，它表明检索不仅有助于巩固你之前所学的知识，甚至还能帮助你为更好地学习做好准备。[8]对以前学习过的信息进行定期测试可以使学习新信息变得更容易。这意味着，即使现在大脑中还没有东西可检索，检索行为本身也能提高未来的学习效果。

人们提出了各种机制来解释这种前向测试效应的存在。一些研究人员认为，尝试寻找还没有学会的知识，比如，尝试解决一个你还没有学会解答的问题，尽管不会，还是有助于加强搜索，一旦遇到相应知识，即可被调取使用。一个棘手的问题是，试图找到一个还不存在于你脑海中的答案，就像铺设一条通往尚未修建的大楼的道路。尽管目的地并不存在，但通往目的地的道路，一旦确定目的地，这条道路无论如何都会得到开发。其他研究人员认为，这种机制可能只是一种注意力。面对一个你还不知道如何解答的问题，你的大脑会自动调整它的注意力资源，以便留意一些信息，特别是看起来像是解答方案的信息。不管确切的机制是什么，前向测试效应意味着，练习检索不仅可以让你在"准备好"之前就开始，甚至可以在你能正确解答之前开始。

应该检索什么

研究清楚地显示：如果你需要以后回忆某件事，那么最好练习检索。然而，这一结论忽略了一个重要的问题：什么样的事情你一开始就应该花时间去记住呢？检索可能比复习花费更少的时间让你获得同样的学习效果，但根本不学习会更快。这是一个重要的现实问题。没有人有时间掌握一切。在 MIT 挑战中，我接触了很多不同的概念。其中一些与我学完后想要做的编程工作直接相关，所以我优先确定务必记住这些概念。其他概念很有趣，但是因为我没计划立即应用它们，所以我把更多的精力花在检索基本概念上，而不是做工艺计算。例如，我上的一门课是《模态逻辑》。我并不打算成为一名逻辑学家，说句实话，8 年后的今天，我也不能用模态逻辑来证明定理。然而，我可以告诉你模态逻辑是做什么的，什么时候使用，一旦出现某些情况，我在那门课中学到的技巧可能有用，我可以更快察觉。[一]总有一些事情，你要选择去掌握，而另一些事情，在需要的时候你可以马上查得到，这就足矣。

应该检索什么呢？回答这个问题的一个方法就是直接实践。直接法，迫使你去检索

> 直接法，迫使你去检索在使用过程中经常出现的问题，从而强化对相关技能的训练。

在使用过程中经常出现的问题，从而强化对相关技能的训练。

㊀　模态逻辑是命题逻辑的延伸，允许你表达诸如"应该""通常""可能"等概念。

如果你正在学外语，需要回想起某个单词，你就会去练习。如果你从不需要使用这个单词，你当然记不住。这种方法的优点是，它能自动引导你学习那些高频出现的知识点。很少使用的或者查找起来容易记起来难的东西是不会被检索到的，这些往往是无关紧要的东西。

完全依赖直接实践的问题是，不存在于你头脑中的知识不能帮助你解决问题。例如，程序员可能意识到需要使用某个函数来解决问题，却忘记了如何将其写出来。查阅句法有可能会减慢语言学习速度，但她仍然知道怎么解决话语中的句法问题。然而，如果你没有足够的知识储备来识别什么时候可以使用某种函数来解决问题，即使查阅也无从查起。想想看，在过去的 20 年里，通过快速的在线搜索就能轻易获取的知识数量激增。现在，几乎任何事实或概念，对任何一个拥有智能手机的人来说，都可以"哪里不会点哪里"，应有尽有。然而，尽管互联网科技取得了令人惊叹的进步，普通人并没有比上一代人聪明几千倍。能够查找信息当然是一个优势，但如果你的头脑中没有一定的知识，它无法帮助你解决任何难题。

直接实践可能并不能激发足够的检索，因为你会忽略掉那些可以帮助你解决问题，但严格说来又不必要的知识。假设我们的程序员有两种不同的方法来解决问题，A 和 B。方案 A 更有效，但 B 也能把问题解决。现在假设他只知道方案 B，即使效果不那么好，他也可以继续使用他知道的方法来解决问题。这时，我们初出茅庐的程序员可能会在某个博客上读到过选项 A。但是，由于简单的阅读远不如反复的检索练习有效，所以当他需要使用这种方法时，很有可能会忘记。这听起来很抽象，但我认为这在程序员中很常见，通常这也能区分出平庸程序员和优秀程序员：他们遇到了问题，但不在他们能力范围，但优秀的程序员通常知道很多解决问题的方法，并且可以为每种情况选择最好的解决方法。要达到这种见多识广的程度，通常需要学习者多多接触不同的情况和方法（哪怕是被动的），而被动接触反过来又有利于检索练习。

如何练习检索

检索对学习很有效，但并不总是那么容易。不仅仅因为努力本身就很难，也因为有时更难的是不清楚怎样去检索。被动复习虽然效率不高，但至少简单易行，你只需要打开书，反复阅读材料，直到记住为止。大多数书和资源都没有在结尾列出一些问题来便于检测你是否记得它们所包含的内容。为了实现这一点，下面将介绍一些有用的方法，可以用于几乎任何学科的检索。

策略 1：记忆卡

记忆卡，把问题和答案之间成对关联，这是一种简单有效的学习方法。过去制作纸卡片来训练的方法很有效，但是现在它已经被间隔重复系统所取代，正如我将在原则 7 中讨论的那样。这些软件算法可以处理数万张"卡片"，并且生成一个间隔复习时间表，便于你管理。

　　记忆卡的主要缺点是它们只对特定类型的检索非常有效，即当特定线索和特定答案配对时。对于某些形式的知识，例如记忆外语词汇，这种方法非常有效。同样，地图、解剖图、定义和方程式也可以通过记忆卡片来记忆。然而，当需要记住的信息的应用环境极其多变时，这种检索练习的缺陷就出现了。程序员可以通过记忆卡片来记忆编码规则，但是需要在实时程序编写中应用到的概念通常不符合记忆卡片所要求的"线索 – 回答"规则。

策略 2：自由回忆

　　应用检索的一个简单策略是，在读完一本书的一部分或听完一节课之后，试着把你能记住的所有东西都写在一张白纸上。像这样的自由回忆通常是非常困难的，即使你刚刚读完手头的文章，也会遗漏很多东西。然而，也正因为困难，这种方法特别有用。强迫自己回忆主要观点和论点，你以后能更好地记住。例如，在为写这本书做研究时，我经常把期刊文章打印出来，然后把它们夹在活页夹里，每一篇文章后面都放上几张白纸。读完之后，我会做一个快速的自由回忆练习，确保在写作的时候能记住重要的细节。

策略 3：问题集

　　大多数学生通过抄写他们遇到的要点来做笔记。记笔记的另一种策略是把你记下来的内容重新表述成问题，待会再回答。不要写《大宪章》是 1215 年签署的，你可以这样问 "《大宪章》是什么时候签署的"，并提醒你在哪里可以找到答案，以防忘记。把笔记当作问题而不是答案来记，就能得到以后练习检索的材料。

我在应用这个技巧时犯的一个错误是，我把重点放在了不该问的问题上。我曾试着把这个方法应用到一本关于计算神经科学的书上，结果我问了自己各种各样的细节问题，比如某些神经回路的放电速率是多少，或者是谁提出了一个特定的理论。这不是有意的，而是惰性使然：这类问题只需要懒洋洋地重述书中的事实内容。更复杂、更有用的提问方式是：重申一章或某个部分的主旨。这通常是隐含的，需要做更深入的思考，而不仅仅是在你一字不差照抄的笔记上加上一个问号。我发现有一个很有用的规则，那就是一篇文章的每个部分只限问一个问题，这样就能迫使自己确认并重述主要观点，而不是无限放大毫不相关的细节。

策略 4：自创挑战

检索简单信息时，上述策略最有效，比如你在书本或演讲中遇到的事实或思想总结。然而，如果你想应用一项技能而不仅仅是记住信息，上述策略还远远不够。对于一个程序员来说，仅仅知道算法的含义是不够的，还需要能够用代码来编写。在这种情况下，当你被动浏览材料时，可以创建一些挑战性问题，以后来解答。你可能会碰到一种新技巧，然后记下笔记，用一个实际的例子来演示这种技巧。创建一个此类挑战的列表，可以作为以后在实践中掌握这些信息的提示，并可以扩展能够实际应用的工具库。

策略5：闭卷学习

如果切断寻找提示的可能，几乎任何学习活动都可以成为检索的时机。概念图，虽然在卡皮克和布朗特的实验中并不是特别有效的策略，但是，合上书本，生成你自己的概念图，学习效果会大大加强。我猜想，如果在最初的实验中就这样做了，使用这种合上书本构建概念图的学生，在最终依靠创建概念图的测试中，可能会做得更好。任何做法，无论是直接学习还是反复训练，你都不能查阅资料。通过阻止你自己去查阅资料，这些信息就会变成知识储存在你的大脑中，而不是在参考手册中。

重访拉马努金

拉马努金很聪明，这是不可否认的。然而，他的天赋得益于"超级学习策略箱"中的两大学习原则的加持：超高的学习强度和检索练习。他从早到晚都在写字板上演算，想要弄清楚乔治·舒布里奇·卡尔写的稀稀疏疏的一系列定理，这本来就极其困难。无心插柳柳成荫，这帮他创设了学习的理想难度，使他得以建立一个宏大的包含工具技巧的大脑图书馆，成就了他在数学领域所做的一切努力。

检索在拉马努金的数学学习中发挥了重要作用，但他并不是唯一一个利用这种策略的人。我所读到的几乎每一本关于伟大天才和当代超级学习者的传记，都提到了某种形式的检索练习。本杰明·富兰克林通过记忆重构文章逻辑顺序来练习写作。玛丽·萨默维尔在没有蜡烛可以用来夜间阅读的情况下，在大脑中检索以解答问题。罗杰·克雷格在不看答案的情况下，练习回答百科小问题。检索不能造就天才，却是必要的手段。

然而，试图解出答案，而不仅仅是复习，只是完成了一个更大周期的一半。为了使检索真正有效，你必须知道从脑海中挖出的答案是否正确。正如，直到我们准备好了，我们才参与测试，否则我们宁可不做，因为测试题辗转反侧，对答案犹豫不决，太不爽了。我们也经常回避那些有关我们技能水平的评估信息，除非我们认为它对我们有利。要想有效地处理这些信息，提取其中清楚而明确的信息，并不总是那么容易。然而，就因为不易，所以更加重要。我们将要讨论的是超级学习的下一个原则：反馈。

原则6 反馈：不要回避负面评价

> 人人都有打算，直到一不留神被人打脸为止。
>
> ——迈克·泰森（Mike Tyson）

当听到主持人宣读自己的名字时，克里斯·洛克（Chris Rock）从后面狭窄的楼梯登上舞台。所有的节目和 HBO 的特别节目秀门票场场售罄，可见洛克已经不是单口喜剧的新手了。他的表演充满活力，唱腔抑扬顿挫，他一向擅长重复笑话中的关键部分，就像歌曲的副歌一样，他的节奏如此精确，让你感觉他能把所有事情都做得很有趣。看他的表演感觉像在欣赏一场摇滚音乐会。这就是问题所在。当你做的每件事都很有趣的时候，你怎么知道是什么让一个笑话变得好笑呢？

远离拥挤的音乐厅和欢呼的人群，在纽约市格林尼治村的喜剧地下室里，克里斯·洛克走到简朴的砖砌舞台上的麦克风前。他手里拿着几张纸片，上面潦草地写着一些短语，这是他从祖父那里学来的新把戏。祖父是一名出租车司机，周末布道。没有标志性的激进风格，他重重地靠在了后墙上。这是他的实验室，他要以实验的精确性来表演喜剧。

"没那么好的事。"洛克提醒观众，他突然出现在小喜剧舞台上，大家都惊呆了。[1] "这价格不公道。"他开玩笑地继续说："要是这样的价格，我就马上离开。"他预想着可能的评论："克里斯来了，然后离开了。这很好！他虽然没有讲任何笑话，但那也很好了！"手里拿着便签，洛克开玩笑式地提醒观众，这不会是一个典型的克里斯·洛克的表演。相反，他想在有限条件下想出新的表演素材。"他们说会给我大约 6 分钟的时间，因为我很有名，"他解释说。"我得从头再来。"当他不想搞笑的时候，他想知道什么是有趣的。

洛克的方法并不是唯一的。喜剧地下室以大牌演员的突然出现而闻名：戴夫·查普利（Dave Chappelle）、乔恩·斯图尔特（Jon Stewart）和艾米·舒默（Amy Schumer），在参与黄金时段特别节目和演唱会之前，他们都曾在一小群观众面前检验过自己的表演素材。如果一场大型演出就可以轻松地吸引大批观众，赚得盆满钵满，为什么还要在一个小俱乐部里表演呢？为什么突然出现，故意在这儿自降身价？洛克和其他著名喜剧演员所强调的是超级学习的第 6 个原则——反馈的重要性。

信息的力量

超级学习者无一例外都使用了反馈的策略。无论是罗杰·克雷格在《危险边缘》智力竞赛节目中，完全不知道答案的情况下抢答测试，从而获得简单反馈，还是本尼·刘易斯走到陌生人面前说他前一天才开始学的语言，这虽然让他很吃力，但他获得了反馈。获得反馈是我遇到的那些超级学习者最常见的策略之一。超级学习策略与更传统的方法之间的区别，往往在于所提供反馈的即时性、准确性和强度。特里斯坦·德·蒙特贝洛本可以采取常规的做法，认真准备讲稿，然后像大多数演讲会一样，每一两个月发表一次演讲。但他没有这么做，他选择直接开始，每周发表几次演讲，在不同的俱乐部间寻找对他演讲的不同看法。对反馈的深度投入曾让他感到不适，但这种快速的沉浸也让他对台上可能产生的许多焦虑麻木了。

在艾利克森和其他心理学家提出的关于获得专业知识的科学理论——刻意练习研究中，反馈具有显著的特点。在研究中，艾利克森发现，对一个人的表现获取即时反馈的能力是达到专家水平的一个重要因素。没有反馈意见意味着，你继续使用某项技能时不会有任何进步，很长一段时间内你都会停滞不前。有时，缺乏反馈甚至会导致能力下降。许多医生逐渐遗忘在医学院积累的医学知识，随着经验的增加，他们的诊疗水平反而变得更糟，因为他们诊断的准确性并没有得到快速反馈，而这些反馈通常会促进进一步学习。[2]

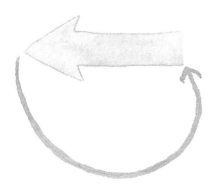

原则 6　反馈：不要回避负面评价

反馈可能适得其反

反馈的重要性不言而喻；我们都能直观地感觉到，了解我们正在做的事情是对是错，的确能加快学习进度。更有趣的是，关于反馈的研究表明，反馈并非越多越好。至关重要的是反馈的类型。

在一项大型元分析中，阿夫拉罕·克鲁格（Avraham Kluger）和安吉洛·德尼西（Angelo DeNisi）查看了数百项关于提供反馈对学习影响的研究。[3] 尽管反馈的总体效果是积极的，但需要注意的是，在超过 38% 的案例中，反馈实际上产生了负面影响。这就很令人困惑了。一方面，反馈对于提升专业素养必不可少，刻意练习的科学研究也证明了这一点。在超级学习项目中，反馈也是非常重要的，如果没有反馈源，很难想象他们会成功。与此同时，所有资料的综述表明，并非所有反馈都是正面的。这怎么解释？

　　克鲁格和德尼西认为，这种差异在于所给予的反馈的类型。当反馈能提供有用的信息来指导未来的学习时，它就能发挥很好的作用。如果反馈能告诉你哪里做错了，或者如何改正，它会是一个有力的工具。但是，当反馈针对的是一个人的自尊心时，往往会适得其反。表扬是一种常见的反馈方式，老师经常使用（学生也很喜欢），但它通常对进一步的学习有害无益。当反馈转化为对你个人的评价时（例如，"你真聪明"或"你很懒"），通常会对学习产生负面影响。此外，即使包含有用信息的反馈也需要被正确处理，如此才能成为学习的动力和工具。克鲁格和德尼西指出，一些研究表明，反馈之所以有负面影响，是因为受试者没有建设性地使用反馈。他们可能拒绝了反馈，降低了对自己的期望，或者完全放弃了学习任务。研究人员指出，关于如何提高个人能力的反馈信息比较重要，而由谁提供反馈信息也很重要，来自同伴或老师的反馈具有强大的社会动力。

　　我发现这项研究有两个方面比较有趣。首先，很明显，虽然信息反馈是有益的，但如果处理不当或未能获得有用的信息，可能会适得其反。这意味着在寻求反馈时，超级学习者需要提防两种可能性。第一种是对反馈（无论是积极的还是消极的）反应过度，因为这些反馈并没有提供能够带来改进的具体信息。超级学习者需要对真正有用的反馈非常敏感，而忽略其他的反馈。这就是为什么，尽管我遇到的所有超级学习者

> 不仅是过度的消极反馈，过度的积极反馈也会降低你的积极性。

都使用反馈，但他们并没有对每一个反馈采取行动。例如，埃里克·巴隆就没有去关注有关他的游戏软件草图的所有评论和批评，在很多情况下，当反馈与他的观点相冲突时，他会忽略。其次，如果对反馈意见使用不当，你的积极性会受到负面影响。不仅是过度的消极反馈，过度的积极反馈也会降低你的积极性。超级学习者必须平衡这两个方面，为他们当前的学习阶段找到适当水平的反馈。虽然我们都知道（并且本能地避免）严厉和无益的批评，但研究也支持洛克的策略，即无视他的名气会自动产生积极反馈。

关于这项研究的第二个有趣的地方是，它解释了为什么人们往往没有充分寻求反馈，因此反馈仍然是超级学习者可以利用的资源。反馈令人不适，也可能是残酷的、令人沮丧的。站在喜剧俱乐部的舞台上讲笑话可能是提高单口喜剧水平的最好方法之一，但这种行为本身可能是可怕的，因为台下尴尬的沉默会令人刻骨铭心。同样的，立即用一种新的语言说话也会令你痛苦，因为与你的母语沟通能力相比较，你现在的沟通能力急剧下降。

对反馈的恐惧通常比体验反馈本身更让人不适。因此，阻碍进步的并不是太多的负面反馈，而是对听到批评的恐惧。有时候，最好的行动就是直接处理最困难的情况，因为即使最初的反馈是非常消极的，它

> 对反馈的恐惧通常比体验反馈本身更让人不适。因此，阻碍进步的并不是太多的负面反馈，而是对听到批评的恐惧。

也有助于减少你开始一个项目的恐惧。并且后续如果证明过于

苛刻无所助益，你还可以进行调整。

没有自信、决心和毅力，积极反馈就无从谈起。这也解释了为什么许多自主学习者无视积极反馈，本来这些积极反馈能帮助他们更快取得成果。人们通常选择避开重大打击性反馈，但这样你就会失去潜在的取得巨大进步的机会，因为你无法直接获取反馈，并利用这些信息来快速学习。超级学习者获得技能的速度很快，因为当其他人选择较弱形式的反馈或根本没有反馈时，他们会寻求积极的反馈。

你需要什么样的反馈

对于不同类型的学习项目，反馈也以多种不同的形式出现。比如，擅长单口喜剧和学会编写计算机程序，反馈就是非常不同的。同理，学习高等数学和学习语言也将会有不同方式的反馈。寻求更好反馈的时机取决于你想学习的内容。我认为重要的是考虑所有类型的反馈以及如何采用意见，如何加强练习，而不是试图详细说明学习项目需要什么样的反馈。了解你收到的反馈，确保最有效地利用它，同时认识到它的局限性。我想特别强调三种类型的反馈：结果反馈、信息反馈和纠正性反馈。结果反馈是最常见的，在许多情况下是唯一可用的反馈类型。信息反馈也是相当普遍的，重要的是要认识到，什么时候你可以把学习结果分开，对你正在学习的部分内容进行反馈，什么时候只对整体结果进行反馈。纠正性反馈是最难找到的，但如果使用得当，可以最大程度地加速学习。

结果反馈：你做错了吗

第一种反馈是结果反馈，也是影响最小的一种。这种反馈只会告诉你总体上你做得如何，但不会告诉你哪些方面做得好，哪些方面做得差。这种反馈可以以分数的形式出现——通过 /不通过，A、B 或 C，也可以是对你同时做的许多决定的综合反馈。特里斯坦·德·蒙特贝洛在演讲后得到的掌声（或者他听到的嘘声）就是结果反馈的一个例子。这种反馈可以告诉他，他的演讲表现是好了，还是差了，但不能真正告诉他原因和解决办法。当一个新产品上市时，每个企业家都会经历这种反馈。它可能卖得很好，也可能卖得很差，但反馈是综合性的，不能直接分解成产品的各个方面。产品的成本太高了吗？营销信息不够清晰吗？包装不吸引人吗？客户的评论可以提供线索，但最终任何新产品的成功或失败都是一系列复杂的因素导致的。

结果反馈通常是最容易得到的，而且研究表明，即使这种反馈没有明确指出你需要改进的地方，也是有帮助的。在一项研究中，研究者对视觉敏锐度是否促进学习的任务进行了反馈。[4] 即便反馈信息量太大，无法获得有意义的信息，分不清哪些反馈是正确的，哪些是错误的，对研究者而言也有帮助。许多完全缺乏反馈的项目，我们可以很轻松地进行更改，以获得这种大规模的反馈。例如，埃里克·巴隆开通博客来发布游戏，并从早期游戏设计草案中寻求反馈。虽然这无法为他提供具体需要改进和改变的细节信息，但是沉浸在一个能够提供反馈的研发环境中，这一点就对他很有帮助。

结果反馈可以通过几种不同的方式促进你的学习。一种是为你的目标提供一个激励基准。如果你的目标是获得说明你已达到某一水平的反馈，那么你获得的反馈可以让你更新自己的进度。另一个好处是，它可以向你展示你正在尝试的不同方法的相对优点。当你进步很快的时候，你可以坚持那些学习方法。当进度停滞时，你可以看到当前方法有什么需要改变。虽然结果反馈是不完整的，但它通常是唯一可用的，并且对你的学习效率有巨大的影响。

信息反馈：你做错了什么

下一种反馈是信息反馈。这个反馈告诉你你做错了什么，但它不一定会告诉你如何改正。到异国他乡，和当地的本族语者用他们当地的语言沟通，就是一种信息反馈的练习。当你误用一个单词时，那个人困惑的眼神不会告诉你正确的单词是什么，但它会告诉你你弄错了。特里斯坦·德·蒙特贝洛除了在演讲结束时得到观众对他的整体评价外，还可以获得实时的信息反馈，了解演讲的情况。那个笑话让他们笑了吗？我的故事让他们厌烦了吗？关于这一点，你可以从你演讲过程中观众们分心的小眼神或背景声中去发现。洛克的单口喜剧实验也是一种获得信息反馈的方式。他能根据观众的反应判断某个笑话是否有笑点。然而，他们不能告诉他怎么做才能让它更有趣——他才是喜剧演员，而不是他们。

当你能够实时访问反馈源时，这种反馈很容易获得。当她的程序没有正确运行时，得到错误信息的计算机程序员可能没有足够的知识来弄懂她哪一步出错了。但是随着错误的增加或减少，她可以使用那个反馈信号来解决问题。自我反馈也无处不在，而且在某些学习中，它几乎和来自他人的反馈一样好。当你在画一幅画的时候，你只需要看着它，就能知道你的笔触是在给你想要表达的形象增色还是减色。因为这种反馈通常来自你与环境的直接互动，所以它通常与原则 3——直接相匹配。

纠正性反馈：你如何修正错误

最好的反馈是纠正性反馈。这种反馈不仅能告诉你你做错了什么，还能告诉你如何改正。这种反馈通常只有通过教练、导师或老师才能得到。然而，如果你使用了正确的学习材料，有时它可以自动提供。在 MIT 挑战中，我的大部分练习都是在作业和解答之间来回切换，所以当我解完一个问题时，我不仅会看到我的答案是对还是错，还会看到我的答案与正确答案有何不同。类似地，记忆卡和其他形式的主动回忆，在你答题后即向你展示正确答案，也可以提供纠正性反馈。

> 最好的反馈是纠正性反馈。这种反馈不仅能告诉你你做错了什么，还能告诉你如何改正。这种反馈通常只有通过教练、导师或老师才能得到。

教育家玛丽亚·阿拉塞利·鲁伊斯 – 普里莫（Maria Araceli Ruiz-Primo）和苏珊·M. 布鲁克哈特（Susan M. Brookhart）认为："对接受反馈的学生来说，最好的反馈是信息丰富且有针对性的建设性意见的。"[5] 最佳反馈能表明当前状态和期望的学习状态之间的差异，并帮助学生采取措施来提高学习效果。

纠正性反馈的主要挑战在于，你通常需要找到一位老师、专家或指导者，这样他们才可以指出你的错误并帮你改正。这样，你不仅可以得到信息反馈，还可以获得额外的纠正机会。这个优势显而易见，无论你花多大的努力去找这样的人，都是值得的。特里斯坦·德·蒙特贝洛和迈克尔·根德勒一起帮助他进行公开演讲，帮助他发现了演讲中细微的弱点，这些弱点他本人察觉不到，缺乏经验的听众也只会给出整体反馈而忽视细节。

纠正性反馈胜过结果反馈，因为结果反馈不能指出需要改进什么；同时也优于信息反馈，因为信息反馈只能指出需要改进什么，但不能指出如何改进。然而，它也可能不太可靠。特里斯坦·德·蒙特贝洛在演讲后经常得到相互矛盾的建议：一些观众会告诉他演讲语速放慢些，另一些人则说要加快语速。在这种情况下，请导师就显得很有用了，因为导师能准确地发现你的错误，并告诉你如何纠正，你不需要那么费劲。超级学习虽然是自我主导性质的，但你不应该误以为，学习是完全独立于他人的个人追求。

关于反馈类型的进一步说明

这里有几件事值得注意。首先，当你试图将反馈从一个较弱的形式"升级"到一个较强的形式，但实际操作比较困难时，你就需要谨慎了。要从结果反馈转换为信息反馈，你需要根据所做的每一个具体事项来获得反馈。相反，如果反馈是对你学习的整体评估，试图把它变成信息反馈可能会适得其反。游戏设计师知道要留意这一点，询问游戏试玩家他们不喜欢游戏的什么内容时，通常会得到似是而非的答案，例如，他们不喜欢角色的颜色或背景音乐。事实上，玩家是在全面地评估游戏，所以他们通常无法提供此类反馈。如果他们的回答是基于一个整体来反馈的，而不是基于每个单独的方面来反馈的，要求更具体的反馈可能会导致给予反馈的人疑虑。

类似地，纠正性反馈需要一个"正确的"答案或一个公认的专家的回答。如果没有专家或唯一正确的方法，提供错误的更改建议，试图将信息反馈转化为纠正性反馈可能会对你不利。德·蒙特贝洛告诉我，大多数人给他的建议并不是特别有用，但反馈的一致性很有用。如果他的演讲每次引起的反应大相径庭，他就知道还有很多工作要做。当演讲开始得到越来越多趋于一致的评论时，他就知道他要怎么做了。这表明，超级学习者并不仅仅是最大化反馈，还要知道什么时候选择性地忽略其中的细节，以提取最有用的信息。理解这些不同类型反馈的优点，以及使它们成为可能的前提条件，是为一个超级学习项目选择正确战略的重要部分。

反馈应该多快

在反馈研究中，一个有趣的问题是反馈应该有多快。你应该立即得到关于错误的信息还是等待一段时间？一般来说，研究表明，在实验室之外的环境下，即时反馈更有优势。詹姆斯·A. 库利克（James A. Kulik）和陈林·C. 库利克（Chen-Lin

C. Kulik）查阅了关于反馈时间的文献，并建议"对于使用实际课堂测验和真实学习材料的应用研究，即时反馈比延迟更有效。"[6] 研究专家的学者 K. 安德斯·艾利克森赞同这一观点，他认为即时反馈有助于识别和纠正错误，并能使人根据反馈对自己的表现做出正确的反应。[7]

有趣的是，实验室研究似乎表明，将正确的反馈与最初的任务一起延迟（延迟反馈）更有效。对这一结果最简单的解释是，再次呈现问题和回答提供了间隔后的第二次信息接触。如果这个解释是正确的，那么它就意味着，与单一的接触相比，即时的反馈最好与延迟的复习（或进一步的测试）相结合来增强记忆。我将在下一章关于记忆的章节中更多地介绍时空间隔以及它是如何影响记忆的。

尽管从表面上看，以往科学文献关于反馈时间的研究结果并不一致，但我建议更快的反馈，这样你就可以更快地识别错误。然而，这个建议可能存在风险，因为在你还没有尽全力回答问题或解决手头的难题之前，快速做出的反馈往往是不可靠的。早期关于反馈时间的研究倾向于表明即时反馈对学习的中性或负面影响。然而，在这些研究中，实验者经常在受试者完成提示之前就给他们看到正确答案。[8] 这意味着受试者可以经常复制正确答案，而不是试着回忆。

太快的反馈会把检索练习变成被动复习，而我们已经知道被动学习的效果不是很好。对于困难的问题，我建议给自己设置一个计时器，以鼓励你认真思考难的问题，而不是直接放弃答题去查找正确答案。

如何改进你的反馈

现在你明白了反馈对学习的重要性。我已经解释了为什么反馈，特别是给别人反馈有时会适得其反。我还展示了三种类型——结果型、信息型和纠正型——如何具有不同的优势，以及使它们有效所需的先决条件。现在，我想重点介绍一些具体的策略，你可以应用，以获得更好的反馈。

策略 1：消除噪声

无论何时你收到反馈，都会有信号（你想要处理的有用信息）和噪声（无用信息）。噪声是由随机因素引起的，没必要反应过度。比如你正在写文章，这些文章会在网上发布，其目的获得反馈来提高写作能力。大多数文章不会引起太多注意，即使引起了注意，也往往是因为你无法控制的因素，例如，恰好有人适时分享了它，导致它在社交网络上传播。你的写作质量确实会推动传播，但这有足够的随机性，你需要谨记，不要基于一个数据改变你的整个写作方法。当你试图改善写作技巧时，噪声是一个真正的问题，因为你需要做更多的工作来排除干扰，来获得真正有指导意义的有用信息。通过修改和选择你所关注的反馈流，你可以减少噪声并得到更多的信号。

在音频处理中使用的一种噪声消除技术是滤波。声音工程师们知道，人类的语音一般都在一个特定的频率范围内，白噪声则遍布整个频谱。因此，可以通过放大人类语言中出现的频率来增强信号，使其他一切都安静下来。一种方法是寻找代理信号。代理信号并不完全能达到目的，但它们往往消除了一些嘈杂（无用）的数据。对于博客写作，一种方法是使用跟踪代码来计算有多少百分比的人会把你的文章一直读到最后。这并不能证明你的文章是好的，但比起原始的随机数据，它的噪声（无用信息）小得多。

策略 2：达到最佳难度点

反馈就是信息。更多的信息等于更多的学习机会。对信息的科学度量基于你能多容易地预测它将包含什么信息。如果你知道成功是有保证的，反馈就不能提供任何信息，因为你早就知道一切都会顺利的。这时好的反馈会适得其反。只有当反馈结果很难预测时，收到反馈才能为你的改进提供更多的信息。

反馈有助于你调整任务难度。许多人直觉上不愿接受接二连三的失败，因为接连失败提供的反馈并不总是有用的。然而，对于一直顺遂成功也要警惕。超级学习者小心地调整他们的学习环境，因此他们无法预测自己将会成功还是失败。如果他们失败的次数太多，他们会简化问题，这样他们就能开始注意到自己什么时候做的是对的。如果他们失败的次数太少，他们就会加大任务的难度或提高标准，这样他们就能区分不同方法的成功与否。基本上，应该尽量避免那些总是让你对自己的表现感觉良好（或不好）的情况。

策略 3：元反馈

典型的反馈是表现评估：你在小测验中的分数反映了你对材料的了解程度。还有一种更有用的反馈：元反馈。这种反馈不是关于你的表现的反馈，而是关于评估你用来学习的策略的整体成功程度。

　　元反馈的重要形式是学习速度。这可以让你了解自己学习的速度，或者至少让你知道你在某方面的技能提高得有多快。国际象棋玩家可能会跟踪他们的 Elo（等级分）评级的增长速率。LSAT（法学院入学考试）的学习者可以跟踪他们在模拟考试中的进步。语言学习者可能会跟踪在写作或说话时学到的词汇或犯的错误。有两种使用此工具的方法。一个是决定什么时候应该专注于你已经使用的策略，什么时候应该尝试其他的方法。如果你的学习速度慢得像涓涓细流，这意味着你目前的方法的回报在递减，这时如果你采取不同的训练、难度或场景，会获得更好的回报。

　　应用元反馈的第二种方法是比较两种不同的学习方法，看看哪种效果更好。在 MIT 挑战中我经常在考试前从不同的子主题把考题拆分，并尝试不同的方法。是直接答题更好，还是先花点时间试着理解主要概念更好？要想知道结果，唯一方法就是监测你自己的学习速度。

策略 4：高强度、快速反馈

　　有时候，改善反馈最简单的方法就是：反馈意见越丰富越好，反馈的次数越多越好。当默认的学习模式很少或几乎没有反馈时，这一点尤其适用。德·蒙特贝洛提高公众演讲技能的策略很大程度上依赖于比大多数演讲者更频繁地接触舞台。刘易斯的语言浸入式学习让他接触到有关自己发音的反馈信息，而此时大多数学生还没有说出一个单词呢。高强度、快速的反馈提供了信息优势，但更多时候，这种优势也是情绪化的。与其他障碍相比，害怕收到反馈会阻碍你提升。把自己置身于一个高强度、快速得到反馈的场景中，一开始你可能会感到不舒服，但比其等待数月或数年才能得到反馈，这么做你能更快地克服最初的厌恶情绪。在这种情况下，你会比在其他情况下更积极地投入学习。知道你的学习结果将被评估，这是是一种难以置信的动力，会让你竭尽全力做到最好。从激励角度而言，这种致力于高强度、快速反馈的模式的优势，最终甚至会超过它所提供的信息优势。

超越反馈

接受反馈并非易事。如果你把它看作关于你的"自我"的攻击而不是关于你的技能的反馈，你甚至可能会一拳把反馈者击倒。审慎地掌控反馈环境，使反馈最大限度地鼓舞人心，这可能可望而不可即，现实生活中很少有这样的机会。因此，最好早点进入状态并接受打击，这样他们就不会因为你的失误而贬低你。虽然短期反馈可能会让人感到压力，但一旦你养成了接受反馈的习惯，处理反馈就会变得更容易，你就不会在情绪上过度反应。超级学习者利用这一优势，充分接触大量反馈信息，并且将信号（有用信息）从噪声干扰中剥离出来。

只有当你记住它给你的教训时，反馈信息才是有用的。遗忘是人的天性，仅靠学习是不够的；你还需要让这些信息被牢牢记住。这就引出了超级学习的下一个原则——记忆，接下来我们将讨论一些策略，确保你学到的东西不会被遗忘。

原则 7　记忆：别往漏水的
　　　　桶里加水

记忆是思考的灰烬。

　　　　　　——丹尼尔·威灵汉（Daniel Willingham），认知心理学家

　　在比利时的小城市新鲁汶，奈杰尔·理查兹（Nigel Richards）刚刚赢得了世界拼词比赛的冠军。就其本身而言，这并不太令人惊讶。理查兹曾三次获得冠军，他在比赛中的超凡能力和他神秘的个性使他成为拼词游戏界的传奇人物。然而，这一次情况有所不同：理查兹赢得了法语版拼词比赛世界冠军，而不是这个享誉世界的拼词比赛最初的英语版本。做到这一点

要困难得多：大多数英语词典版本都有大约 20 万个有效词条，法语则有性别区分的名词和形容词，以及丰富的变化形式，词条数几乎是英语的两倍，约有 386 000 种有效的词汇形式。[1] 取得这样的成就是相当了不起的，而且更匪夷所思的是，理查兹不会说法语。

理查兹是一名在新西兰克赖斯特彻奇出生长大的工程师，他可不是一般人。留着长长的胡须、戴着复古的飞行员墨镜的他，看上去就像甘道夫和大人物拿破仑的混合体。不过，他的拼词技巧可不是闹着玩的。他开始玩这个游戏比较晚，在快 30 岁时，他的母亲一边挖苦一边激励他说："奈杰尔，既然你不擅长文字，你就不会擅长这个游戏，但它会让你有事可做。"[2] 尽管刚开始时并不被看好，但如今理查兹已经在拼词比赛中占据了一席之地。有些人甚至认为他可能是有史以来最杰出的拼词玩家。

万一你一直与世隔绝，不知拼词比赛为何物呢？所以还是让我交代清楚：拼词比赛就是填纵横词谜。每个玩家都从一个袋子里抽出 7 个字母图块，用来组成单词。问题是这些单词必须和黑板上已经有的单词连在一起。要想成为一名优秀的拼词玩家，需要有超强的记忆，不仅要记住我们每天使用的单词，还要记住那些因其长度或字母而有用的模糊单词。

一个比较会玩的拼词玩家很快就弄明白了所有有效单词的两个字母，包括一些不寻常的单词，如"AA"（一种熔岩）和"OE"（法罗群岛的风暴）。然而，要想在比赛中让这种方法发挥作用，就需要记住几乎所有简短的单词，以及较长的由 7 个字母和 8 个字母组成的单词，因为如果玩家在一轮中用尽了所有 7 张牌，就可以获得额外的 50 分奖励（拼词游戏术语称为"bingo"）。然而，光凭记忆还不行。和其他竞争性游戏一样，拼词比赛使用计时系统，所以熟练的玩家不仅要能够从一组打乱的方块中"找"出有效的单词，而且要能够快速找到空格并计算出哪个单词得分最高。在这方面，理查兹是一个高手：给出字母图块 CDHLRN 和一个空格（可以填任何字母），理查兹忽略了非常明显的 CHILDREN（儿童）这个单词，而是将多个纵横字谜连接起来构成 CHLORODYNE（氯丁）这个单词，从而得到了更高的分数。

　　理查兹越是神秘，他的技艺就越发显得高深莫测。他很安静，大部分时间都是一个人待着。他拒绝所有记者的采访，似乎对名声和财富完全不感兴趣，甚至对他是如何做到这一点的也闭口不提。另一位竞争对手鲍勃·费尔特（Bob Felt）在一次锦标赛上偶遇理查兹，注意到理查兹像僧侣一样平静，就对他说："我看到你时，从你的表情，我永远不知道你是赢了还是输了。"[3] 理查德平淡地回答："那是因为我不在乎。"就连他去比利时比赛，也好像只不过是他想在欧洲进行自行车旅行时顺便玩玩。那次比赛曾一度让他成为国际媒体关注的焦点。事实上，在他获胜之前，他仅仅花了 9 个星期来准备。在最后一场比赛中，他击败了来自加蓬的法语选手雷卡维，全场起立为他鼓掌。他不会说法语，只好请一名翻译来感谢观众。

奈杰尔·理查兹的秘密是什么

　　我对奈杰尔·理查兹的故事了解得越多，就对他越感兴趣。理查兹的记忆能力令人难以置信，同时也很神秘莫测。他坚决谢绝任何采访，如果碰巧被问及他的方法是什么，他也是三言两语答复了，绝不过多透露。在新鲁汶获胜后，一位记者问他是否有什么特殊的方法来记忆这些单词。"没有"是理查兹一贯简短的回答。尽管如此，即使他不愿公开透露他的策略，略加挖掘还是会找到一些线索。

　　我发现的第一件事是，虽然理查兹在比利时的获胜令人震惊，但这并非完全没有先例。历史上也曾经有其他赢得了拼词比赛世界冠军的选手，不会流利地使用比赛语言。拼词游戏在泰国特别受欢迎，两位前世界冠军帕努波尔·苏贾亚科恩（Panupol Sujjayakorn）和帕科恩·尼米特曼苏克（Pakorn Nemitrmansuk）的英语就不流利。原因很简单：记住母语单词和记住拼词游戏中的单词是不同的记忆技巧。在口语中，单词的意思、发音和语感都很重要。在拼词游戏中，这些都不重要，单词只是字母的组合。理查兹不用讲法语也能赢法语拼词游戏，因为这个游戏和英语没有太大区别，他只需要记住字母的不同组合。当然，以英语为母语的人有一个优势，因为许多拼写方式大家已经很熟悉了，但是仍然会有大量奇怪的和不熟悉的单词需要记忆，并且在每一种可以玩拼词游戏的语言中，重新排列字母到有效的位置以及计算以获得最大分数的技巧，都是一样的。

　　我发现的另一个秘密是，原来，拼词游戏并不是理查兹唯一特别钟爱的活动。他的另一个爱好是骑自行车。事实上，在新西兰达尼丁的一次早期锦标赛中，他下班后骑上自行车，通宵骑行，从克赖斯特彻奇到达尼丁，这段距离超过 300 公里。他一晚上没有睡觉，第二天早上第一件事就是开始比赛。在他获胜后，他在比赛中遇到的参赛者提出送他回家。他婉言谢绝了，宁愿骑着自行车回到克赖斯特彻奇，再度过一个不眠之夜，然后周一早上再开始工作。⁴ 起初，这感觉就像他的个人资料里的另一个怪癖，比如他在家剪的发型，不愿意接受采访。现在，尽管如此，我相信这能解开他的一些神秘之处。

当然，这并不是说骑自行车是好的助记法。如果是这样的话，兰斯·阿姆斯特朗（Lance Armstrong）将会是强劲的竞争者。不过，它确实说明了理查兹性格中的一个特质，这个特质与我遇到的其他超级学习者的性格不谋而合：一种近乎偏执的训练强度，超过了人们认为的正常投入的精力。我发现，理查兹的自行车运动，也同样暗示着他的独特方法：他阅读词汇表，长长的单词列表，从两个字母的单词开始，然后向上递增多个字母组合的单词。"骑自行车很有帮助。"他解释道，"一边骑车，我一边可以在脑海里回顾单词列表。"⁵ 他阅读字典，只关注字母的组合，忽略定义、时态和复数。然后，在骑几个小时的自行车过程中，他依靠记忆，一遍又一遍地回顾单词表。这也对应了其他超级学习者所共有的一种方法，在其他学习原则中也得到了体现：积极回忆和排练。通过检索回忆单词，理查兹很可能利用了他惊人的记忆力，积极练习，直至无懈可击。

关于理查兹的完美表现，还有其他线索可寻：他专注于记忆，而不是拼词（重新排列词图来形成单词）；他前前后后地写，从短词开始，再写长词，然后再从头开始；他认为可以通过视觉记忆单词，因为他无法记住别人说的单词。所有这些线索都让我们得以一瞥理查兹的思维，但并没有观察到更多信息。他要读多少遍他的清单上的单词才能在脑海中排练？这些单词是按照某种方式组织的，还是按照字母顺序排列的？他是一个具有特殊能力但智力低于正常水平的专才，还是一个全能的天才？对他来说记忆拼词只是许多神奇能力之一吗？也许他的智力相当一般，他在拼词游戏中的霸主地位只不过说明了他的极度投入而已。我们可能永远不会知道这些问题的答案。

我当然不能排除这个可能性：理查兹的大脑与我的大脑天生不同，或者在记忆方面比我更好。毕竟，到目前为止，我还没有听说过他的方法独具匠心，以至于资深的拼词游戏玩家都从未意识到。然而，理查兹完全控制了他的比赛。我部分怀疑，他那强烈而偏执的个性，使得他能在脑海中反复数小时回忆单词表，可能也至少构成了部分解释。无论他拥有什么天赋，他似乎也拥有我在书中所描述的超级学习者的气质。不管他的天赋如何，理查兹本人主张的是后者，而不是前者："这比较艰苦，你必须有学习的献身精神。"[6] 他在别处补充道，"我不确定自己有什么秘密，这只是记忆单词的问题。"[7]

拼词游戏对你的生活可能无关紧要。然而，记忆是学好东西的必要条件。程序员必须记住代码中命令的语法；会计师需要记住比率、规则和规章制度；律师必须记住先例和法规；医生需要知道成千上万的医学知识，从解剖学到药物的相互作用。记忆是必不可少的，即使它包含在更大的理念中，例如理解、直觉或实践技能。如果你回忆不起来，即便你理解某事是如何运作的，懂得如何执行某项特定的技术，也无济于事。有策略地记忆，这样你学到的东西就不会从你的头脑中溜出去。在讨论记忆策略之前，让我们先看看为什么记忆如此困难。

为什么记住东西这么难

　　理查兹是一个极端的例子，但他的故事说明了许多问题，对任何想要学习的人来说都很重要：你如何记住你学过的所有东西？你如何防止遗忘习之不易的知识和技能？你如何储存你已经获得的知识，以便在你需要的时候可以很容易地取用？为了更好地理解学习，你需要明白知识是如何被忘记的，以及为什么会忘记。

原则 7　记忆：别往漏水的桶里加水

对教育者、学生和心理学家来说，无法利用之前所学的知识一直是一个长期存在的问题。知识的衰退也会影响你的工作表现。一项研究报告指出，医生工作的时间越长，他们给出的医疗服务就越差，因为他们从医学院学到的知识逐渐被遗忘了，尽管他们的职业是全职在岗。引用原文摘要：

> 一般认为，经验丰富的医生在多年的实践中积累了知识和技能，因此能够提供高质量的护理。然而，有证据表明，医生执业的年数和医生提供的护理质量之间存在反向关系。[8]

在历史上最早的一项心理学实验中，就像理查兹记忆拼词游戏单词一样，赫尔曼·艾宾浩斯（Hermann Ebbinghaus）也花费数年时间记忆无意义的音节，随后仔细追查他以后能不能记起来。在这个最初研究中，艾宾浩斯发现了遗忘曲线，这一发现后来得到了更多可靠的实验研究的证实。这条曲线表明，在学习新知识后我们往往会以难以置信的速度忘记，知识呈指数衰减，刚学完忘记得最快。然而，艾宾浩斯指出，这种遗忘会逐渐减慢，遗忘的知识数量会随着时间的推移而减少。我们的大脑是一个漏水的桶，然而，大多数洞都在顶部附近，所以留在底部的水漏得较慢。

> 艾宾浩斯发现了遗忘曲线，这条曲线表明，在学习新知识后我们往往会以难以置信的速度忘记，知识呈指数衰减，刚学完忘记得最快。

在过去的几年里，心理学家已经确定了至少三种主要的理论来帮助解释为什么我们的大脑忘记了我们最初学到的东西：衰退、干扰和遗忘。虽然关于人类长期记忆的确切机制还没有定论，但这三种观点可能在一定程度上解释了为什么我们容易忘记，反过来，也为我们如何更好地记住所学知识提供了真知灼见。

衰退：随着时间的流逝而遗忘

关于遗忘的第一种理论认为，记忆只是随着时间的流逝而衰退。这个观点似乎合情合理。我们对过去一周发生的事件、新闻和所学到的知识的记忆比对上个月的要清晰得多。与 10 年前的记忆相比，今年所学到的东西会被更准确地回忆起来。这样理解的话，遗忘就是受到时光不可避免的侵蚀。我们的记忆就像沙漏里的沙子，随着时间流逝，它们会无情地从我们身边溜走。

然而，这一理论将时间作为遗忘的唯一原因，未免有失偏颇，而且存在缺陷。我们很多人都能清晰地回忆起童年早期的事情，即使我们不记得上周二早餐吃了什么。这似乎也有规律可循，随着时间的推移，有些事情被记住，有些事情被遗忘，与距离你当初学习的时长没有关系：生动的、有意义的事情比平庸的或任意的事情更容易被回忆起来。即使衰退是遗忘的一个因素，也极不可能是唯一的因素。

干扰：用新记忆覆盖旧记忆

干扰理论提出了一个不同的观点：我们的记忆不同于电脑上的文件，它们在大脑中的存储方式是相互重叠的。通过这种方式，相似但不同的记忆会相互竞争记忆空间。例如，如果你正在学习编程，你可能会了解什么是循环语句（for loop），并通过不断重复来记住它。稍后，你可能会了解同时循环语句（while loop）、递归（recursion）、直到循环（repeat-until）和go-to 语句（go to statement）。现在，每一个都要重复，但方式不同，所以可能会干扰你正确记住循环语句（for loop）的功能。一般来说至少有两种类型的干扰：前摄干扰和后摄干扰。当先前学到的信息使获取新知识更加困难时，主动干预就会发生。这就好比信息存储的"空间"已经被占用，所以形成新的记忆就变得更难。当你想要记住一个单词的定义却遇到困难时，就会出现这种情况，因为你的脑海中已经为这个单词建立了不同的联想。试着了解一下心理学中的负强化的概念——这里"负"这个词的意思是"缺席的"，而不是"坏的"，所以负强化指你通过移除一些东西来鼓励另一种行为，比如移除一个痛苦的刺激。然而，由于"负"在早期已经有了含义"坏"，你可能很难记住负强化的含义，并且很容易将负强化与惩罚错误地等同起来。后摄干扰则相反——学习新东西会"抹去"或抑制旧记忆。任何曾经学过西班牙语，后来又尝试学法语的人都知道，后摄干扰是多么棘手，因为当你想再次说西班牙语时，法语单词就会跳出来。

被遗忘的线索：一个上锁的盒子，却没有钥匙

遗忘的第三种理论认为，我们拥有的许多记忆实际上并没有被遗忘，只是难以获取而已。这里的意思是，为了说一个人记住了某件事，就需要从记忆中把这件事检索出来。由于我们并不是在不断地同时经历整个长期记忆，这就意味着在适当

的提示下，一定会有某个过程来挖掘这些信息。在这种情况下，可能会发生的是，检索信息链中的一个环节被切断（可能是由于衰退或干扰），因此关于这件事的整个记忆变得无法访问。如果那个线索被恢复，或者如果能找到另一条通往信息的路径，我们就能记住比我们现在能看到的多得多的东西。

这种解释也有一些优点。直觉上，这似乎是正确的，因为我们都有过话到嘴边却欲言难吐的经历，我们感觉好像记住了一件事或一个词，但我们无法立即表达出来。这也可能表明，再学习比初学习要快得多，因为再学习更接近修复工作，而初学习是全新的构建。被遗忘的线索似乎很可能是许多东西被遗忘的部分（甚至是全部）解释。

然而，线索遗忘作为我们记忆困境的一个完整解释，也并非没有问题。现在，许多记忆研究人员认为，记忆的行为不是一个被动的过程。在回忆事实、事件或知识时，我们参与了一个创造性的重建过程。记忆本身在记忆过程中经常被修改、增强或操纵。通过新的线索找回的"失去的"记忆实际上可能是捏造的。从创伤性事件中"恢复"的目击证人，他

> 记忆的行为不是一个被动的过程。在回忆事实、事件或知识时，我们参与了一个创造性的重建过程。记忆本身在记忆过程中经常被修改、增强或操纵。通过新的线索找回的"失去的"记忆实际上可能是捏造的。

们的证词似乎尤其可能如此，因为实验表明，即使是对实验对象来说感觉完全真实的、非常生动的记忆，也可能是不真实的。[9]

怎样才能不遗忘

遗忘是天性使然，不是例外。超级学习者设计了各种方法来应对生活中的这一事实。这些方法可以大致划分为如下两套处理相似问题的方法。第一套方法处理在进行超级学习项目时的记忆问题：你如何记住你第一周学过的东西，而不需要在最后一周重新学习？这对于记忆密集型的超级学习尤其重要：比如本尼·刘易斯的外语学习和罗杰·克雷格参加的"百科万事通"《危险边缘》智力竞赛节目。在这些领域和许多其他领域，要学习的信息的量往往是如此之大，以至于遗忘几乎很快就成为首先出现的实际障碍。第二套方法与项目完成后获得的技能和知识的持久性有关：一旦一门语言达到了你满意的水平，你怎么能保证在几年后不让自己完全忘记呢？

我遇到的超级学习者设计了不同的方法来处理这两个问题，努力程度和强度因人而异。有些人，比如克雷格，更喜欢复杂的电子系统，这些系统可以用精巧的算法来优化记忆，以复杂性为代价，几乎没有浪费时间、精力，效率也高。其他人，如理查兹，似乎更喜欢基本系统，以简单取胜。

你需要选择一种辅助自己记忆的方法，既能达到目标，又简单易行，易于坚持。在语言学习的高强度阶段，面对要学习的庞大的词汇量，间隔－重复记忆系统往往对我很有帮助。其他时候，我更喜欢通过对话来保持我的口语交际能力，尽管这种方法没有那么精确。对于其他科目，只要我不断地练习需要用到的技能，并且有能力再学习，我就更愿意允许自己有一定程度的遗忘。

从理论上而言，我的方法可能并不理想，但它们可能最终效果更好，因为它们出错的可能性更低，而且更容易坚持。不管使用的是什么系统，所有的系统似乎都是根据以下四种机制之一运行的：间隔、程序化、精益求精法（overlearning）或助记法。让我们逐一来看看这些记忆机制，以便理解不同的超级学习项目中所呈现的不同的、特殊的记忆形式。

记忆机制 1 间隔：重复记忆

研究机构最支持的一条学习建议是，如果你想要建立长期记忆，就不要死记硬背。将学习时间划分为小段，插入间隔或许短期内会导致你表现不佳（因为在时间间隔中有遗忘的机会），但从长远来看，你会有更好的表现。这是我在 MIT 挑战中需要注意的事情。在我上完头几节课之后，我从一次只上一门课转为同时上几门课，以尽量减少紧凑的学习时间对我记忆的影响。

> 如果你想要建立长期记忆，就不要死记硬背。将学习时间划分为小段，插入间隔或许短期内会导致你表现不佳（因为在时间间隔中有遗忘的机会），但从长远来看，你会有更好的表现。

如果你有 10 小时来学习某知识领域，在 10 天时间里每天学习 1 个小时比一天内学习 10 个小时更明智。不过，很明显，如果学习间隔的时间越来越长，学习的长期效果就会打折扣，短期效果会占上风。如果你用 10 年的学习间隔来学习某件东西，很有可能你会在进入第二阶段之前完全忘记你学过的东西。

对于一些超级学习者来说，在不同的时间间隔中找到准确的平衡点并不容易。学习时间间隔得太近，你的效率会降低；隔得太远，你就会忘记你已经学过的东西。这使得许多超级学习者使用所谓的间隔-重复学习系统（SRS）作为一种工具，试图用最少的努力记住最多的知识。SRS 是罗杰·克雷格在"各门类冷知识全记忆"之《危险边缘》竞赛节目中夺冠的"幕后英雄"。我在学习中文和韩语时，也使用了这个系统。虽然你可能没有听说过 SRS，但它的基本原理是许多语言学习产品的基石，包括皮姆斯勒法、忆术家和多邻国。这些程序倾向于在后台隐藏间隔算法，你不必为时间间隔烦恼。其他程序，如源代码开放的记忆助手（Anki），是那些想要挤出一点儿时间收获更多知识的求知若渴的超级学习者的首选工具。

SRS 是一个了不起的工具，但它的应用范围有局限性。记忆卡片软件比较理想的应用范围是学习事实、（智力测验比赛用的）各门类冷知识、词汇或定义，以一个问题对应一个答案的方式呈现知识点。它难以应用到更复杂的知识领域，因为这些知识依赖于复杂的信息关联，而这些联系只能通过真正操作来建立。尽管如此，对于某些有着严重记忆瓶颈的任务，SRS 虽有一些缺点，却也是扩展记忆的强大工具。一份医学院学生学习指南围绕 SRS 展开详细论述，广受欢迎，因为医学院的学生必须记住很多东西，而遗忘和再学习的默认策略的时间成本是相当大的。[10]

间隔学习并不一定需要复杂的软件。理查兹的故事清楚地表明：简单地打印单词列表，看着读一遍，然后在脑海中过一遍，是一种强大的记忆技巧，这简直令人难以置信。与此类似，对一项技能进行半规律的练习通常是很有帮助的。在我学了一年语言之后，我想确保我没有忘记这门语言。我的方法相当简单：每周安排一次 30 分钟的对话练习，用 Skype 软件通过 italki 程序来完成。italki 是一个面向世界各地进行语言学习辅导和语言交流的在线服务系统。我坚持了一年，之后又坚持了两年，每个月只练习一次。我不知道这样的练习时间是否理想，在那段时间里，我也有其他自发练习的机会，这对我也有帮助。我相信，这总比什么都不做，任由技能退化要好得多。就记忆而言，不要苛求完美，足够好就行。

另一个运用间隔时间的策略是，半定期地复习，这对那些更复杂的、更难融入日常习惯的技能更有效。我偏爱用这种方法来复习我在 MIT 挑战中学到的东西，因为我最希望记住的技能是写代码，虽然这很棘手，但每周只花半个小时就能完成。这种方法的缺点是有时会偏离最优间隔，然而，如果你准备重新学习一点儿来弥补差距，这种做法还是比完全放弃练习要好很多。提前安排时间温习知识技能，好处多多，因为它会提醒你，学习，并不是一学完就了事，而是持续一生的过程。

记忆机制 2　程序化：自动持久

为什么人们说"像骑自行车一样简单"，而不是"像记住三角函数一样简单"？这种常见的表达可能根植于更深层的神经科学事实。有证据表明，程序性技能（比如骑自行车）的存储方式与陈述性知识（比如知道勾股定理或三角形的正弦规则）的存储方式不同。[11]"知道怎么做"和"知道什么"之间的差异对长期记忆也有不同的影响。程序性技能，如你永远记得怎么骑自行车，比需要外显回忆才能检索的知识更不容易被遗忘。

> 程序性技能，如你永远记得怎么骑自行车，比需要外显回忆才能检索的知识更不容易被遗忘。

这一发现实际上可以为我们所用。一种主流的学习理论认为，大多数技能都是阶段性的——开始时是说明性的，但随着练习的增多，最终会变成程序性的。从陈述性知识到程序性知识转换的一个完美例子就是打字。当你开始在键盘上打字时，你必须记住字母的位置。每次你想要输入一个单词时，你必须思考这个单词有哪些字母，回忆每个字母在键盘上的位置，然后移动你的手指到那个点按下它。这个过程可能会失败，你可能会忘记那个键在哪里，需要低头看才能输入。然而，如果你练习得越来越多，你就不用低头看了。最终，你不再需要去想这些字母的位置或者如何移动你的手指去敲击。你甚至可能想都不用想就能把整个单词一次性打出来。这类程序性知识是相当强大的，往往能比陈述性知识保留更长的时间。稍微观察一下就会发现，如果你擅长打字，有人问你说键盘上字母 w 在哪里，你实际上需要将你的双手放在键盘上的位置（或想象你这样做），假装按 w 来搞明白。我打出这段文字时就是这样。现在的情况是，你对键盘位置的外显记忆，原本是获取知识的主要途径，但现在它已经消失了，你只需要用更持久的程序性知识来记忆，这些知识已经被编码在你的运动动作中。如果你曾经必须输入一个你经常使用的密码或 pin 码，你可能会遇到类似的情况——你通过感觉而不是数字和字母的明确组合来记忆。

程序性知识的存储时间较长，这对我们的学习方式有启发性作用。一般你不会均衡地学习大量的知识或技能，你会更频繁地强调一组核心信息，从而使其变得程序化，并且存储时间更长。这是我朋友和我的语言学习项目无意中产生的"副作用"。强迫自己不断地说一种新语言，频繁重复一组核心的短语和模式，以至于我们双方都永远不会忘记这门语言。对于一堆不太常用的单词或短语来说，这可能不成立，但是对话是不可能忘记的。在传统的语言学习中，学生从初学者的单词和语法模式"上升"到更复杂的句型模式，这种方式可能会让你无法进行对话练习，所以这些核心模式不够牢固，如果不经过反复练习，就不能维持记忆多年。

在我的 MIT 挑战项目中，我未能将核心知识完全程序化，这是我最大的失误。在随后的语言学习和肖像画项目中，我加以改进。尽管 MIT 的挑战项目中确实有核心的数学和编程技能，并且这些技能经常被重复，但是最终被程序化的东西却是不经意的，我没有有意识地决定将应用计算机科学的最基本技能自动化。

我们学到的大多数技能都不是完全程序化的。我们可能能够自动完成其中一些任务，但其他部分需要我们在大脑中主动搜寻。例如，在代数中，你可以不动声色地将变量从方程的一边移到另一边。但当涉及指数或三角函数时，你可能需要多考虑一些。也许，由于它们的本性，一些技能不可能完全自动化，而需要你有意识地思考。这创造了一种有趣的知识组合，有些东西在较长时间内记忆相当稳定，另一些则容易被遗忘。应用这个理念的策略之一：确保在实践结束之前，将一定数量的知识完全程序化。另一种方法是花费额外的精力来使一些技能程序化，把这个技能作为其他知识的线索或访问点。例如，你的目标可能是将你开始一个新编程项目时的学习过程完全程序化，这样你就可以在编写新程序的过程中克服这个困难了。这些策略有些推测性，但我认为未来聪明的超级学习者可能会发掘出更多将知识记忆从陈述性过渡到程序性的方法。

记忆机制 3　精益求精：熟能生巧，超越完美

精益求精（强化已有知识的学习）是一种被广泛研究的心理现象，[12]也很容易理解：我们只需要一定量的练习就可以做好任务，但额外的练习可以增加记忆储存的时长。典型的实验设置是给实验对象一项任务，比如组装一支步枪或检查一份紧急清单，让他们有足够的时间练习，以便他们能正确地一次性完成。从 0 开始计时直到完全掌握的这段时间被认为是"学习"阶段。接下来，允许实验对象进行不同程度的"过度学习"，或者在第一次正确完成之后继续练习。实验对象已经正确地掌握这个技能，再怎么样成绩也不会再有提高空间。然而，精益求精可以延长记忆的持久性。

在研究精益求精的典型环境中，强化学习效应的持续时间

往往很短；一次练习得稍微久一点可以增加一到两周的记忆。
这意味着精益求精是一种短期现象：它对急救或应急方案等技
能很有用，这些技能很少被练习，但需要在定期培训期间保持
敏感度。然而，我怀疑，如果在更长的学习项目中使其与间隔
和程序化相结合，精益求精可能会产生更长期的影响。比如我
在学习画肖像的过程中，从维特鲁威工作室学到的绘制面部特
征的思维过程，我重复了很多次，即使我的主要练习时间只有
一个月，我也很难忘记自己学到的东西。类似地，即使在间隔
期我并没有练习，我也能很容易地回忆起我在 MIT 挑战项目
时对编程或数学的下意识反应，因为我多次重复这些编程或者
解题模式，远远超过了当时充分运用它们所必需的次数（它们
是解答更复杂的问题的关键元素）。

　　精益求精与直接学习的原则非常匹配。直接使用一项技能
往往涉及对某些核心能力的过度练习。即使是几年后，这种核
心能力通常也很难被遗忘。相比之下，在学校学习的学科倾向
于更均匀地分配练习，以覆盖整个课程大纲，使每个领域的能
力达到最低水平，而不考虑子学科在实际应用中的中心地位。
我认识的许多人，他们学过一门语言，我也会说这门语言，但
他们有多年的正规学校学习经历。他们词汇量比我大，对语法
的细微差别比我领悟得深刻得多。然而，他们会在相当基本的
短语上犯错误，因为他们平均地学习了每个词汇和语法，而不
是在非常常见的词汇上精益求精。

　　我经历过两种主要的精益求精的学习方法。第一个是核心
练习，不断练习和完善一项技能的核心部分。在完成最初的超

级学习阶段后，我将这种方法与某种沉浸式学习或粗泛（而不是精深）的学习项目相结合，效果很好。从学习到实践的转变实际上可能涉及一种更深层、更微妙的学习形式，不应将其视为简单地应用以前学到的知识。

第二种策略是高级实践，即在某一套技能之上再提高一级，这样，当人们将较低级技能的核心部分应用到更困难的领域时，就会精益求精。一项对学代数的学生的研究证明了第二种策略。[13] 学生们都上过代数课，但在数年后重新考试时，大多数学生已经忘记了他们所学的大量知识。这可能是因为知识真的丢失了，也可能只是因为被遗忘的线索使大部分信息变得难以在大脑中被提取出来。有趣的是，表现更好和更差的学生的遗忘率都是一样的——成绩好的学生比成绩差的学生记住的多，但是他们遗忘的比率是一样的。然而，有一组学生，即那些学过微积分的人，在遗忘方面并没有表现出如此急剧的下降。这表明，把层次提高到更高级的技能水平可以使早期学会的技能不断强化，从而防止遗忘。

记忆机制 4　助记法：一图胜千言

我使用过的最后一个常用工具是助记法。当然，有许多记忆方法，但是本书不打算一一讲述。这些记忆方法的共同之处在于它们都趋向于超特定化，也就是说，它们被设计用来记住非常特定的信息模式。其次，它们通常涉及将抽象或任意的信息转换为生动的图片或空间地图。当助记法起作用时，其结果几乎令人难以置信。记忆数学常数 π（pi）的吉尼斯世界纪录保持者拉杰维尔·米纳（Rajveer Meena）能记住这个数字的小数点后七万位。[14] 记忆大师们参加记忆冠军争夺赛，他们能在60 秒内记住一副牌的顺序，也能在一两分钟的学习后逐字逐句背诵一首诗。这些技艺令人印象深刻，但幸运的是，只要有足够的耐心去运用，任何人都能学会。它们是如何被记住的呢？

　　一种常见且有用的助记方法是关键字法。这个方法的工作原理是，首先取一个外语单词，然后把它转换成你的母语发音。例如，如果我学法语时这样做，我会把单词 chavirer（倾覆）转换成 "shave an ear（切下一只耳朵）"，因为它们的发音（这里指的是法语和英语）足够接近，后者可以作为一个有效的线索用来回忆原来的单词。接下来，我会在脑海中创造一个意象，这个意象结合了这个外来词的发音和它的译文，在一个奇异而生动的场景中，这个意象令人难以忘记。在这种情况下，我会想象一只巨大的耳朵，放置在一艘倾覆的船上，正刮着长长的胡须。然后，每当我需要记住 "capsize"（倾覆）的法语是什么，我就会想到 chavirer，回想起我精心制作的图片，联想到 "shave an ear（切下一只耳朵）"，因此……chavirer。这个过程一开始听起来并不复杂，它将一个困难的联想（在任意的声音和一个新的含义之间）转换成几个更容易联想和记忆的链接，从而更容易记忆。经过练习，这种类型的转换每次只需要 15～20 秒，而且它确实有助于记忆外语单词。这种特殊的助记符可以达到这个目的，还有其他的助记符可以用于记忆列表、数字、地图或过程中的一系列步骤。为了更好地介绍这个话题，我强烈推荐乔书亚·福尔（Joshua Foer）的书《与爱因斯坦月球漫步：美国记忆力冠军教你记忆一切》。

助记法效果很好，通过练习，任何人都能做到。那么，为什么我不在本章的前面和中心，而在末尾介绍呢？我认为助记法和 SRS 一样，都是非常强大的工具。作为工具，如果由不熟悉它们的人使用，就会产生新的可能性。然而，对于那些花了大量时间探索并将其应用于实际学习的人来说，它们的应用范围比最初出现时要窄得多，而且在许多现实场景中，它们根本不值得花费心血。

我认为助记法有两个缺点。首先，即使是最令人印象深刻的助记系统（如记忆数学常数 π 的数千位数字的助记系统），也需要大量的前期投入。完成之后，你可以很容易地记住数字，但这实际上并不是非常有用。我们的社会适应了人们不能记住数字的事实，所以我们用票据和电脑来帮我们记忆。其次，借用助记法回忆通常不如直接记忆那样自动。掌握外语单词的助记方法总比完全忘记要好，但它仍然太慢，无法让你流利地用助记的单词造句。

> 助记法可以充当记忆困难信息的桥梁，但它通常不是建立持久记忆的最后一步。

因此，助记法可以充当记忆困难信息的桥梁，但它通常不是建立持久记忆的最后一步。

即便助记法在某些方面存在缺陷，它仍是一种非常强大的工具。如果需要以非常具体的形式去记忆高度密集的信息，特别是，你将要在几个星期或几个月内使用这些信息，那助记法能让你开动脑筋，去做你以前可能认为不可能做到的事情。或者，它们可以作为一种中间策略，在信息相当密集的情况下，帮助你顺利获取初始信息。我发现它们对学习语言和术语很有用，而且，和 SRS 一起，它们可以形成有效的桥梁，让你从似乎不可能记住所有东西的状态，直至印象深刻，不可能忘记。的确，在纸张、电脑和其他外在化记忆出现之前，记忆术是主流。然而，对于这一事实，即大多数人不能像电脑那样存记信息，现代社会已经发展了极好的应对机制。我觉得记忆法更多的是一种很酷的技巧，我们不应该把它们当作学习活动的基础。尽管如此，仍有一部分超级学习者坚定地致力于应用这些技术，所以我的话不应成为最终的结论。

打赢反遗忘战

记住知识最终是为了对抗人类不可避免的遗忘倾向。这个过程发生在我们每个人身上，而且没有办法完全避免。然而，某些策略——间隔记忆、程序化、精益求精法和助记法——可以降低短期和长期的遗忘率，并最终在记忆过程中产生巨大的影响。

在这一章的开头，我讨论了奈杰尔·理查兹神秘的拼词技巧。他是如何能如此迅速地回忆起这么多单词，并在一组杂乱的词图中看到它们的，这可能仍是个谜。我们对他的了解，与其他在记忆强度高的科目中占主导地位的超级学习者是一致的：积极回忆、间隔排练，以及对高强度练习的执着投入。你我是否有意愿像理查兹那样做得那么好，我不敢确定。在我看来，只要肯努力，采取好的记忆策略，与遗忘的斗争，我们未必会失败。

虽然理查兹的拼词游戏练习可以让他记住自己不理解的单词，但现实生活往往奖励一种不同的记忆：一种将知识融入对事物的深刻理解的记忆。在下一个原则中，我们会从记忆谈到直觉。

原则 8　直觉：在形成直觉前要深入思考

理解一个观点的意思后，再来问它是否正确。

——埃里特·毕夏普（Errett Bishop），数学家

对世人来说，他是一位古怪的教授、诺贝尔奖得主、物理学家；对他的传记作者来说，他是个天才；对认识他的人来说，理查德·费曼（Richard Feynman）是个魔术师。他的同事、数学家马克·卡克（Mark Kac）曾经假设世界上有两类天才。第一类是普通的天才："一旦我们理解了他们的所作所为，我们会确信自己也能做到。"另一类是魔术师，他们的大脑以一种不可思议的方式运转，"即使我们理解了他们做了什么，对过

程也一无所知。"在他看来，费曼是"最高水准的魔术师"。[1]

别人已经处理了几个月的问题，费曼一眼就能看出解决方案。在高中时，他参加了数学比赛，在比赛中，他经常会在问题还没有陈述完就算出正确的答案。当他的竞争对手刚刚开始计算时，费曼已经在纸上圈出了答案。上大学时，他参加了普特南数学竞赛，获胜者可获得哈佛大学的奖学金。这竞赛是出了名的难，不是直接应用以前学到的原理就行，而是需要精妙的计算技巧，时间也是限制因素之一，一些考试的中值为零，这意味着有的参赛者甚至连一分都没有得到。费曼却早早地走出考场。他分数最高，获得了第一名。后来，他的兄弟和伙伴们惊讶地发现，费曼的分数与后面四名选手的差距如此之大。尼尔斯·玻尔（Niels Bohr）是当时在世的最著名、最重要的物理学家之一。在进行曼哈顿计划期间，他要求在与其他物理学家交谈之前，先与费曼直接交流，让这位年轻的研究生谈谈他的想法。玻尔解释说："他是唯一一个不怕我的人。"[2]"如果他有一个疯狂的想法，（他）就会说出来。"

费曼的神奇魔力不仅限于物理学。还是个孩子的时候，他就到处去帮别人修理收音机，部分原因是在大萧条时期，花钱请人修理收音机太贵了。还有部分原因是收音机的主人们对费曼的修理方法感到惊叹。有一次，他一心一意地想弄明白为什么一台收音机一开起来就会发出那么可怕的噪声，收音机的主人不耐烦了。"你在干什么？你是来修收音机的，可你只是来来回回地走！""我在思考！"主人对费曼的直率感到惊讶。"他靠思考修收音机！"主人大笑道。后来，费曼却因此而出了名。

他年轻时曾参与曼哈顿计划的原子弹制造，业余时间他就撬开上司的办公桌和柜子的锁。他曾经撬开一位资深同事的文件柜，那里保存着制造核弹的秘密。当然，这只是一个恶作剧。还有一次，他向一位军官展示了他的撬锁技术，这位军官开玩笑说正确的做法不是修复安全漏洞，而是警告大家让费曼远离他们的保险箱！后来，他遇到了一个锁匠，他才知道自己已经声名远扬，连专业人士都说："天啊！费曼，你可是撬保险箱的高手！"

他还有"行走的计算器"的美称。在一次去巴西的旅行中，他与一位算盘销售员"同台竞技"，计算一些复杂的数字，比如 1729.03 的立方根。费曼不仅算出了正确的答案，12.002，而且他算出的小数点比那位算盘销售员算出的小数点还要多。那位销售员还在拼命计算，想算出 12，费曼就展示了他的 5 位数结果。这种能力甚至让其他专业的数学家刮目相看，他对他们说，任何可以在 10 秒钟内说出来的问题，他可以在 1 分钟内给出答案，误差不超过正确数字的 10%。数学家们向他抛出诸如"e 的 3.3 次方"或"e 的 1.4 次方"这样的问题，费曼几乎立刻就给出了正确答案。

揭秘费曼的魔法

费曼当然是个天才。许多人，包括他的传记作者詹姆斯·格莱克（James Gleick），都惊叹费曼的非凡才智，但仅此而已。毕竟，魔术在你不知道怎么变的时候是最令人眼花缭乱的。也许，这就是为什么关于他的许多报道，都关注于他的魔法而不是他的方法。

费曼的确聪明，但他的魔法也有漏洞。他的数学和物理成绩很好，但人文学科糟透了。在大学里，他的历史成绩在班里排在倒数第 5，文学成绩在班里排在倒数第 6，美术成绩比 93% 的同学都要差。有一次，为了通过考试，他甚至作弊。他在校智力测量得分为 125 分。大学毕业生的平均得分是 115 分，费曼也只稍微高了一点。也许，正如后来人们争论不休的，费曼的天赋并没有完全体现在他的智商上，或许这只是一个监管不善、尚不科学的测试呢。然而，这些事实不断提醒我们，尽管费曼思维超然、卓尔不群，他也只是人罢了。

费曼的心算呢？下面我们看看费曼自己是怎么解释他如何能比用算盘的销售员或他的数学家同事计算得快得多的。1729.03 的立方根？费曼解释说："我正好知道 1 立方英尺等于 1728 立方英寸，所以答案是比 12 略多一点。多余的 1.03 只是将近 1/2000。我在微积分学中学过，对于小分数，立方根的余数是这个数余数的 1/3。所以我要做的就是求出分数 1/1728，然后乘以 4。"[3] 常数 e 的 1.4 次方？费曼说出了其计算的秘密："那是因为我事先知道了辐射（平均寿命和半衰期）及 ln2 是 0.69315（我也知道 e 的 0.7 次方几乎等于 2）"。计算 1.4 次方，他只需把这个数字本身相乘。"纯粹是运气。"他解释道。秘密就在于他对某些运算结果的超强记忆力以及对数字的直觉使他能够进行插补运算。碰巧考官们出的数学题目正中他下怀，让他给人留下了具有神奇的计算能力的印象。

那声名远扬的开锁技术呢？重申一遍，这简直是魔术，就像魔术师那么娴熟，技艺精湛。他研究密码锁的工作原理，几乎着了魔。有一天，他意识到只要在保险柜打开的时候拨弄一下锁，他就能算出保险柜密码的最后两个数字。离开那个人的办公室后，他会把数字写在一张便条上，然后择机偷偷溜回去，耐心地解开剩下的数字密码，最后把所有密码数字写在便条上，让人看后有不祥的预感，觉得密码箱被撬了。

甚至连他对物理学神奇的直觉，他也有自己的解释："我有一个思考方案，直到今天我还在用它来解释我试图理解的东西——我一直在编造例子。"[4] 他不会遵循一个等式，而是试着想象它所描述的情况。得到了更多信息后，他会用自己的例子进行推演。这样，无论对方什么时候犯了错，他都能看出来。"当他们告诉我定理的条件时，我就会构造一个符合所有条件的东西，你知道，你有一个集合（一个球）——分解开（两个球）。然后，在我脑子里，当增加更多条件的时候，球就会变颜色、长头发，或者发生别的什么。最后，他们给出了关于球的一些愚蠢的定理，这对我毛茸茸的绿色球来说是不正确的，所以我说'错'。"

也许费曼没有魔法，但他肯定对数字和物理学有着不可思议的直觉。这可能让你不再认为他的思维方式与众不同，但我们也不能否认他在这些领域的辉煌成就。毕竟，即使知道费曼这一戏法背后的逻辑，我也肯定无法毫不费力地计算出他计算出的数字，或者在我的脑海中思考某些复杂的理论。这种解释不能让人心悦诚服，不能像魔术师的表演被揭穿，发现诀窍竟然是不足以道的小把戏，而后恍然大悟："啊哈，原来是这样啊！"因此，我们首先需要更深入地去理解像费曼这样的人是如何培养出这种不可思议的直觉的。

魔术师的脑海里在想什么

　　心理学研究人员调查了像费曼这样的直觉专家在思考问题时与新手有何不同。在一项著名的研究中，资深博士和物理本科生被要求将一系列物理问题进行分类。[5]很快，一个明显的区别就显现出来了。初学者本科生们倾向于关注这个问题的表面特征，比如这个问题是关于滑轮或者是倾斜的平面，而专家博士关注的是工作中更深层次的原理。"啊，这是一个能量守恒的问题。"你差不多可以听到他们边说边根据这些问题代表的物理原理来分类。这种方法更利于解决问题，因为它抓住了问题的核心。仅去纠结问题的表面特征，有时候与解决问题的正确步骤风马牛不相及。学生们需要更多的试错来掌握正确的方法，而专家们呢，他们可以马上着手用正确的途径解决问题。

　　如果以原则性优先的方法思考问题如此奏效，为什么学生们不从原则开始思考，反而去关注表面特征呢？简单而言，可能是他们没有能力抓住本质。只有不断解决问题，积累了足够的经验，你才能建立起一个深层思维模型。直觉听起来很神奇，但其实可能很老套——它是有条理地处理了大量问题后的经验产物。

原则 8　直觉：在形成直觉前要深入思考

另一项对国际象棋大师和初学象棋者的对比研究为这一现象提供了解释。[6] 这项研究首先向专家和新手展示一个特定的国际象棋设置，然后让他们在一个空棋盘上恢复这个设置，从而来测试他们对国际象棋位置的记忆。大师们能比初学者记得更多。新队员需要一个一个地放下棋子，往往不能完全记住所有的位置细节。相比之下，大师们记住的是更大的"组块"，其中每个都有对应的可识别的模式。心理学家认为，国际象棋大师和新手之间的区别并不在于国际象棋大师能够预先计算出更多步棋，而在于他们已经建立起了一个巨大的心理表征库，这些心理表征来自下象棋的丰富经验。研究人员估

> 心理学家认为，国际象棋大师和新手之间的区别并不在于国际象棋大师能够预先计算出更多步棋，而在于他们已经建立起了一个巨大的心理表征库，这些心理表征来自下象棋的丰富经验。

计，要想成为专家，需要在长期记忆中存储大约 5 万个这样的心理"组块"。[7]这些经验允许他们并将复杂的棋局简化为几个可以直观使用的关键模式。但初学者缺乏这种能力，不得不把每棋子都作为一个单独的单元来表现，因此速度会慢得多。⊖

然而，国际象棋大师的这种能力仅限于真实的国际象棋游戏。给新手和专家一个随机的国际象棋棋盘（不是从普通象棋中产生的棋盘），专家们就不再具有显著优势。没有可供他们使用的记忆模式库，他们不得不像初学者那样一块一块地记住棋盘。

这项研究让我们理解了像费曼这样伟大的直觉主义者是如何思考的。他也同样把重点放在原理上，以例子为基础，直接切入问题核心，而不是只关注表面特征。

他之所以能直接切入问题核心，是因为他的大脑里有丰富的物理和数学模式存储库。他的心算本领，对我们来说似乎很了不起，对他来说却微不足道，因为他碰巧知道这么多数学模式。就像国际象棋大师一样，当遇到真正的物理问题时，他的表现优于常人，因为他根据真实的物理实验建立了一个巨大的模式库。然而，当他的研究课题不再基于这些假设之上时，他的直觉也会出错。费曼的数学家朋友们会用数学中的反定式定理来测试他。当这个过程的特性（比如一个物体可以被切成无限小的碎片）挑战了在他思考模式中的正常物理限制时，他的直觉就不灵验了。

⊖ 应该注意的是，并不是所有的研究人员都赞同分块模型。刻意练习背后的心理学家 K. 安德斯·艾利克森更喜欢另一种被称为"长期工作记忆"的模型。两者的差异很大程度上是术语上的，两个模型都指出了通过广泛的具体环境实践以成为专家的观点。

费曼的魔力在于他令人难以置信的直觉，这来自他多年来对数学和物理模式的研究。模仿他的学习方法能让其他人获得那种魔力吗？让我们来看看费曼的学习方法和解决问题的方法，并试着揭示一些魔术师的秘密。

如何培养直觉

仅仅花大量时间学习并不能产生深刻的直觉，费曼的经历证明了这一点。在很多情况下，他会遇到一些学生，他们只记住一个特定问题的答案，却不知道这些答案在课本之外是如何应用的。有一次，他故意欺骗了一些同学，让他们相信一条云尺（一种绘制曲线的工具）是特殊的，因为无论你如何握着它，它的底部都与水平线相切。然而，任何光滑的形状都是如此，这是微积分的一个基本事实，同学们应该已经意识到了。费曼认为，这个例子足以说明这种学习方式有多经不起事实检验，因为学生们并没有真正考虑如何将他们所学到的知识与课本之外的问题联系起来。

那么，如何才能避免类似的失败——花大量时间学习某样东西，却没有真正培养出像费曼那么灵验的直觉呢？答案是并没有包治百病的良方，但是添加一剂经验和智慧，肯定会有所帮助。费曼对自己学习过程的叙述提供了一些有用的指导，让我们明白了他思考问题为何与众不同。

规则 1：不要轻易放弃难题

费曼对解决问题着迷。从他儿时摆弄修理收音机的时候起，他就会顽固地对一个问题冥思苦想，直到解决它为止。他回忆说，有时候，收音机的主人会不耐烦，"如果他说'修不好没关系，有点复杂不好修'，我会勃然大怒，因为我想打败这该死的问题，修好收音机，给我点时间，我一定能做到。"[8]费曼这种追根到底的执着和对抗难题的无畏精神，一直延续到了后来学习数学和物理学中。他经常放弃更简单的方法，比如拉格朗日法，而是强迫自己费力地手工计算所有的力，只不过是因为后者能让他更好地理解公式。费曼在解决问题方面是一位大师，相比他人的期望，他对自己的要求更高，而这本身可能就是他许多反传统思想的来源。

有一种方法，你在解决难题时可以采纳，那就是在你处理问题的时候给自己一个"奋斗计时器"。当你想要放弃，又不可能找到解决难题的方法时，试着把计时器再设定 10 分钟，让自己再努力一点。这段艰难时期的第一个好处是，给自己足够时间的思考，你可以解决你面临的问题。第二个好处是，即使你失败了，当你找到解决方案时，你也更有可能记住这个方法。正如在"检索"一章中提到的，检索到正确的信息很困难，即使这种困难是由于信息不存在造成的，也可以让你事先准备好，以便之后更好地记住信息。

规则 2：通过证明来理解

费曼讲述了他第一次邂逅物理学家李政道、杨振宁的故事。[9]"我听不懂李和杨说的话。他们说的理论都太复杂了。"他宣称。他的妹妹轻声戏弄他，说问题不在于他不能理解，而在于他没有"发明问题"。之后，费曼决定，一丝不苟地通读相关论文，他发现那些理论实际上并没有那么难理解，只是他害怕查阅资料而已。

这个故事揭露了费曼的一个怪癖，它也很有启示性——它阐释了他的思维方法中的一个要点。费曼并不是通过理解别人的结论来掌握事物的。相反，他是通过在心里试图重新推理这些结果，然后一步步领会、精通，尤其是物理。有时这可能是一个缺点，因为这会导致他重复工作并"重新发明"已经以其他形式存在的过程。然而，他通过自己的研究结果来理解事物的动力也帮助他培养了深层直觉的能力。

费曼并不是唯一持这种观点的人。爱因斯坦还是个孩子的时候，就试图通过证明数学和物理的命题，来建立自己的直觉能力：在相似三角形的基础上证明勾股定理，这可是他最早的数学尝试之一。[10]这两个人有个共同点：他们往往不会直接阅读他人的推导过程来理解结论，而是在此之前先自己深入思考。费曼宣称不理解李政道和杨振宁并不是因为他真的不了解，其实费曼对这个问题的很多背景研究都很熟悉。相反，很可能是因为他对"理解"的认识更深刻，要求更高。他认为"理解"更多的是基于自己能证明结果，而不仅仅是边阅读边点头赞同。

遗憾的是，很多人都认为自己理解了某样事物，但细究起来其实并没有真正弄懂。研究人员丽贝卡·劳森（Rebecca

Lawson）称之为"解释性深度错觉"。[11] 这里的问题是，我们不是直接判断自己的学习能力，而是通过各种信号评估我们是否知道一个事实，比如法国的首都是什么，这是很容易的——你脑海里要么会出现"巴黎"一词，要么没有印象。要回答"你是否理解一个概念"这一问题就困难得多了，因为你可能理解了一点点，但还未达到你的目标。

这里有一个完美的思维实验来帮助你理解这个问题。拿出一张纸，试着简单地画出一辆自行车的草图。这并不需要你画出一个完美的艺术品，你只需要试着把座位、把手、轮胎、踏板和自行车链条画在正确的位置。你能做到吗？

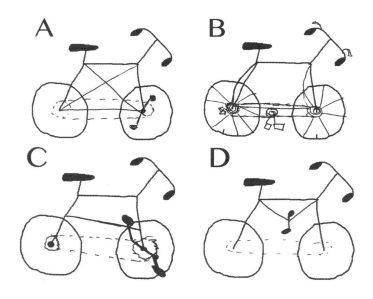

不要通过想象自行车来欺骗自己，看看自己能不能真的画出来。如果你手边没有笔或纸，你可以通过说出哪些部件和哪

些地方相连来模拟画图。你试过吗？

有趣的是，丽贝卡·劳森的研究要求参与者们这样做。插图清楚地显示，大多数参与者不知道自行车是如何装配的，尽管他们一直在使用，并认为自己很了解自行车。这种以为自己已经理解了的错觉常常是学习更深层次知识的障碍，因为除非对这种能力进行实际测试，否则你很容易误导自己，以为自己理解得更多。费曼和爱因斯坦用通过论证来理解命题的方法，避免了这个问题，否则他们也很难做到真正理解。[12]

有些人幸运地把链子画到了正确的位置上，你是其中之一吗？再试试这个小实验吧，不过这次用开罐器来试。你能解释一下它是怎么工作的吗？有多少个齿轮？它是怎么把盖子打开的？这个更难，但我们大多数人会说我当然知道开罐器！

规则 3：总是从具体的例子开始

人类不能很好地学习抽象的东西。迁移研究表明，大多数人是在接触了许多具体的例子后才学会抽象的一般规则的。简单地提出普遍原理，期望自己能将其应用于具体情况，这几乎不可能做到。即使材料中没有给出具体的例子，费曼也会在脑海里自行想象，就像预言一样。通过在脑海中想想一个明确的例子，他可以理解并看到数学在试图证明什么。

这个过程迫使你在材料呈现前就更深入地处理材料。有关记忆的文献中有一项发现，被称为"处理水平效应"（levels-of-processing effect），它表明，决定你记住什么信息的，不仅仅是你花了多少时间，更重要的是，当你关注这些信息时，你是如何思考这些信息的。在一项关于这种效应的研究中，参与者被要求复习一组单词，其中一半人被告知这将是一个测试（因此他们有动力去学习），而其他人只是被告知要复习单词表。[13] 在每一组中，根据他们运用的单词记忆技巧，参与者再一次被划分。一半的人被要求注意这些单词是否包含字母 e，这是一个相对简单的处理过程，而另一半人被要求注意这个单词词义是褒还是贬，这是对这个单词意义的更深层次的处理，而不仅仅是拼写那么简单。结果是，动机对结果没有影响，让学生为考试而学习并不影响他们能记住多少单词。然而，不同的记忆技巧确实能对记忆能力造成较大影响。那些深刻剖析单词的人所记住的单词数量，几乎是那些简单浏览单词拼法的人的两倍。[14]

针对问题构思具体实例，费曼这种习惯，是更深层次处理问题的一个例子，这种处理方式不仅提高了他以后的记忆能力，也培养了他对问题的理解能力。这个技巧还能提供一些反馈，因为如果你无法想出一个合适的例子，那就说明你对某些东西理解得不够好，在继续学习之前，你可以先回顾几个步骤，更好地学习一下材料。利用丰富的反馈过程来测试自己是否真正理解是费曼学习风格的一个特点。

规则 4：不要欺骗自己

"不要欺骗自己"是费曼最喜欢的名言之一，他还补充道，"你自己是最容易被欺骗的人。"他对自己的理解力深表怀疑。在他看来，许多社会科学家欺骗自己，以为他们发现了他们其实并没有发现的东西，他对这种现象进行了抨击，从而预警了目前心理学的复制危机。我怀疑，他的这种见解部分源于这样一个事实，即他为所谓的"知道"树立了如此严格的标准。

当一个人对某门学科不太了解，却认为自己比真正了解该学科的人掌握的知识更多时，邓宁－克鲁格效应就发生了。[15]这可能是因为当你缺乏某一学科的知识时，你也往往不能正确评估自己的能力。的确，你对一门学科了解得越多，问题就越多。反之亦然，你问的问题越少，你对该学科的了解就越少。

避免自欺欺人的一个方法就是问很多问题。费曼自己就采用了这种方法[16]："有些人一开始觉得我有点迟钝，不明白这个问题，因为我问了很多'愚蠢'的问题，比如阴极是正的还是负的，阴离子是朝这边还是朝那边。"⊖我们中有多少人没有信心问一些"愚蠢"的问题？费曼当然知道自己很聪明，但他仍能勇敢地问出这些"简单的"问题。具有讽刺意味的是，通过提出看似简单的问题并思考答案，他也注意到了他所研究的事物一些不那么明显的特征。

相反的趋势是，为了显得知识渊博而避免问问题，这将付出相当大的代价。在巴西讲课时，费曼的学生经常抱怨他不讲课，而是问一些他们早已经知道答案的简单问题。为什么要把宝贵的课堂时间浪费在这些练习上呢？费曼最终意识到，答案就是，他们其实不知道答案，但不想在班上其他人面前承认，

⊖ 称这为费曼技巧可能是不明智的。目前还不清楚费曼是否曾使用过这种精确的方法，所以我可能无意中给了这种技术一段它所没有的辉煌历史。此外，费曼对物理学的一个伟大贡献是"费曼图"的形式。所以费曼技巧可以用来做图表，尽管不一定是费曼图！

他们错误地假设自己估计是唯一不知道答案的人。清楚明了地解释，甚至问一些"愚蠢"的问题，可以防止你自欺欺人地认为自己已无所不知。

费曼技巧

当我第一次读到关于费曼的书时，我就受到了启发，试图将这些不同的观察归纳成一个具体的方法，以便应用到我自己的研究中。最后，我将之命名为费曼技巧，并在MIT挑战项目中大量应用。使用这个技巧的目的是帮助培养你对所学东西的直觉。当你完全不理解一个想法的时候，或者虽然你已经理解一些知识但想把它凝练成一个深刻的直觉的时候，你可以采取这个方法。

方法很简单：

（1）在一张纸的顶部写下你想要理解的概念或问题。

（2）在下面的空间里，解释这个想法，就像你必须说服他人理解这个想法。

　　a. 如果这是一个概念，问问你自己，你会如何把这个概念传达给那些以前从未听说过的人。

　　b. 如果这是一个问题，解释如何解答它，最重要的是，解释你是怎么理解解答步骤的。

（3）当你陷入困境的时候，即你的理解不能提供一个明确的答案，转向你的书、笔记、老师或参考资料去寻找答案。

这种方法的关键在于消除解释性深度错觉。由于我们一般不被要求去解释许多自以为已经理解的东西，因此我们很容易以为自己达到了相当的认知水平。费曼技巧通过强迫你说出你想要理解的细节来避免这个错觉。就像画一辆自行车可以快速确认你是否掌握了它的各个部分如何组装的一样，使用这种技巧也可以快速显示你对学科有多了解。现在，当你努力解释一个概念的关键部分时，你理解上的任何漏洞都会变得很明显。

这项技巧本身有一些细微的差别，可以结合几种不同的方式来使用，这可能有所助益，具体效果取决于你具体的直觉缺陷。

应用 1：你完全不理解的东西

应用费曼技巧的第一种方式是，你完全不理解某件事情，这时最简单的方法就是拿着书，在你的解释和书中的解释之间来回切换，不断思考验证。当你对所得到的解释感到困惑时，这么做往往是必不可少的。费曼自己在读到可能有点儿类似哲学上的晦涩难懂的文章时，也做过类似的事情。

我有一种"我理解得不够好"的不安感觉，后来我对自己说："我要停下来，慢慢地逐句阅读，这样我就能搞清楚它到底是什么意思。"[17]

于是我随意停了下来，非常仔细地读下一个句子。具体我记不太清楚了，好像和这个很接近——社会群体中的个体成员经常通过视觉、符号渠道接收信息。我来回读这个句子，然后翻译。你知道这是什么意思吗？就是"人们会阅读"啊。

散文本身晦涩难懂、让人困惑。费曼这么做，目的是深入理解其用词特性，而不仅仅是试图理解某些微妙的意思。你可以用同样的方法，去学习任何你无法理解的东西。

我在学习 MIT 挑战项目中的《机器视觉》课程时使用了这个技巧。我不懂摄影测量学，这是一种基于在不同光照条件下拍摄的一系列 2D 照片来确定物体三维形状的技术。它涉及一些棘手的概念，我不太清楚它是如何运作的。我把课本放在身边，写了几页笔记，试着勾勒出这些概念的大致框架，以便能抓住主旨和要点，深入理解。[18]

应用 2：你似乎不能解决的问题

第二个应用方法是解决一个难题或掌握一项技术。在解释问题的同时，一步一步地分析问题是非常重要的，而不是简单地总结。总结可能会跳过问题的核心难点。深入学习可能需要时间，这可以帮助你一次牢牢掌握一种新方法，而不是借助大量的重复来记住这些步骤。

我把这个技巧应用到《计算机图形学》课上，学习一个叫作网格加速的技术。我花了很大力气学习这个技术。通过这个技术，你可以避免分析那些"显然"不会出现在你正在绘图的屏幕上的对象，从而提高光线跟踪渲染系统的性能。为了更好地掌握它，我用这个学习技巧，画了一个我想象正在做渲染的小雪人，用从眼球射出的线条代表摄像机，最终解决了这个学习中的难题。[19]

应用 3：扩展你的直觉

　　应用费曼技巧的最后一种方法是将它应用于那些非常重要的概念，如果你对这些想法有很强的直觉，这种技巧就会非常有用。但是不要把注意力集中在解释每一个细节或原始材料上，试着把注意力集中在生成一些说明性的例子、类推或可视化学习中，这样即使学得比你少的人也能理解你的想法。想象一下，你不是去教授这个概念，而是有人付薪水让你去写一篇杂志文章，解释这个概念。你会用什么视觉直觉来明确这些抽象概念？哪些例子可以丰富并具体化一个普遍原则？你怎么才能把令人困惑的东西阐释得浅显易懂？

　　在 MIT 挑战项目中，我在早期的《电磁学》课程中应用了这个方法来理解电压的概念。虽然我已经习惯在解答问题中使用到这个概念，但我觉得我对它其实并没有产生直觉。它显然不是能量、电子或物质流动。仅凭电线还是很难在脑海中勾画出一个抽象概念的图像，通过这个技巧，把它比作重力方程，很明显，电压和电的关系就像高度和重力的关系一样。这时我可以形成一个视觉图像。这些电线就像不同高度的水槽。电池就像水泵，把水往上抽。电阻就像带水管的水龙头一样，一打开水就会流出来，相同水压下，不同直径的水管出水速度是不一样的。虽然这张关于水槽和水管的图片对解这些方程来说不是必需的，但它让我牢牢地记住了它，并帮助我找到了应对新情况的方法，这比抽象地想象电压要容易得多。

神秘的直觉

看到像理查德·费曼这样的天才，很多人往往会关注他的天赋，他似乎毫不费力，凭直觉理解、计算等，即使跨专业也能轻松应对。他顽皮的风格和叛逆的冲动行为，似乎在挑战人们的刻板印象——学习需要努力。然而，当我们深入到表象之下，我们就会发现，他与我研究过的其他超级学习者有很多共同之处。他努力学习，并投入大量的业余时间剖析问题的本质，这样他的直觉才能发挥得出神入化。他刚上大学的时候，就和一个朋友反复阅读关于量子力学的早期图书，较之于其他同学，他们已经在理解上遥遥领先了。他甚至制定了一个详细的时间表，来给他的许多兴趣爱好合理分配时间。即使微不足道的小伎俩，他也积极求解。例如，在学习开锁时，他反复训练，练习所有可能的组合："我掌握了一个绝对的节奏，这样我就可以在半小时内尝试 400 种可能的备用号码。这意味着我最慢可以在 8 小时内打开保险箱，平均时间是 4 小时。"[20]

一说到天才，尤其是像费曼这样与传统信仰相悖的天才，人们就会倾向于相信他们的成功得益于他们与生俱来的天赋，而忽略了他们的努力。我毫不怀疑费曼有天赋，但也许他最大的天赋是他将执着钻研和玩耍结合在一起的能力。他开锁时的热情就像他解开量子电动力学的秘密时一样。在超级学习的最后一个原则——试验中，我想谈到的正是这种有趣的探索精神。

原则 9　试验：跨出舒适区去探索吧

如果你读过他的生平趣事却没有看过他的作品，你绝对不会想到文森特·凡·高（Vincent van Gogh）会成为历史上最著名的画家之一。他 26 岁才开始学习绘画，这个年纪已经不小了。艺术是一个早熟的领域，著名的大师们通常起步较早，一般在幼年时就展露天赋。像巴勃罗·毕加索（Pablo Picasso）小时候就能写实绘画了，他的立体派风格得益于此，他可以毫不谦虚地说自己"像拉斐尔一样画了四年，但像孩子一样画了一辈子"。莱昂纳多·达·芬奇十几岁时曾当过画家学徒，他年轻时在一个农民的盾牌上画了一个怪物，结果被米兰公爵看上并买了下来。萨尔瓦多·达利（Salvador Dalí）在 14 岁生日之前就举行了他的第一次画展，充分展现了他成为著名画家的天赋。相比之下，凡·高在年幼时没有表现出任何过人天赋。无论是作为一个艺术品经销商和还是牧师，他都失败了，后来才重新拾起画笔。家里的朋友、艺术品卖家 H. G. 特斯泰格（H. G. Tersteeg）认为，他的艺术抱负只不过是为懒惰找借口。"你起步太晚了。"[1]他说，"有一点我可以肯定，你绝对不会成为画家，你这幅画会和你之前做的其他事情一样，变成泡影，你将一事无成。"

比他起步晚更糟糕的是，凡·高根本不太擅长绘画。他的素描作品技法粗糙而幼稚。当他最终说服模特们坐下来画像时——以这位荷兰人出了名乖张的个性，这可不是一件容易的事——他做了很多次尝试才画出了一幅肖像。在巴黎画室短暂逗留期间，他也学习了后印象派绘画运动的未来领袖，如亨利·德·图卢兹 – 罗特列克（Henri de Toulouse-Lautrec）的画法。然而，与图卢兹 – 罗特列克轻挥几下手腕就能把场景捕捉得惟妙惟肖相比，凡·高画得颇为吃力。"我们觉得他的绘画太没技巧可言了。"[2]一位同学回忆说，"他的画没有什么特别之处。"最后，才华平平的他无法与同学相处，举止也令人生厌，不到三个月，他就离开了画室。

他起步晚，看起来明显没有什么绘画天赋，脾气也不好。

几乎所有走进他生活的人最终都将他拒之门外，因为尽管他一开始狂热而深情，后来却不可避免地与所遇到的人发生激烈争吵。在他生命的最后时刻，他经常被关进精神病院，从"急性躁狂伴广发性精神错乱"到"癫痫"，他被诊断患有各种精神疾病。他的爆发，或者他所说的"攻击"，使他与那些可能成为他的同伴、导师和老师的人疏远了。因此，尽管凡·高尝试过接受正规教育，但他在很大程度上是自学成才的，他只接受过短暂的传统教育。在这短暂的时光里，他可以在推开别人之前，和人友好相处。

凡·高离奇的英年早逝使得他姗姗来迟的艺术生涯也过早结束了。37 岁时，他死于腹部的枪伤。尽管有人怀疑他是自杀，但他的传记作者史蒂文·奈菲（Steven Naifeh）和格雷戈里·怀特·史密斯（Gregory White Smith）认为他更可能是死于意外或谋杀，他甚至可能是被村里的一个年轻人开枪打死的，这个年轻人对他做恶作剧，称他为"fou roux"，即"疯狂的满头红发的家伙"。

尽管如此，凡·高还是成了有史以来最著名的画家之一。《星空》《鸢尾花》和《花瓶里十五朵向日葵》都成了他的标志作品。在四次拍卖中，凡·高的每幅作品几乎都创下了有史以来最昂贵的成交价，其中包括他的《加歇医生》，成交价超过8200 万美元。[3] 凡·高标志性的旋涡状笔触、厚重的涂色以及鲜明的轮廓，让许多人认为他的画是有史以来最伟大的。

我们如何解释这些差异呢？一个起步较晚，没有明显的天赋还伴随着许多人格障碍的人，是如何以其最具个性、特立独行的绘画风格而成为世界上最伟大的艺术家之一的？为了了解凡·高，我想谈谈超级学习者的第九个也是最后一个原则：试验。

凡·高是如何学会绘画的

先站在凡·高的立场上思考一下。尽管你有家族关系，但作为一个艺术品经销商，你失败得很离谱。你也是个失败的传教士。现在你开始了一项新的职业——绘画，即使你很难准确地画出东西。你会怎么做？凡·高应对挑战的方式终其一生都是如此。首先，他会确定一种学习资源、方法或风格，并投入令人难以置信的精力和时间，在这个方向上创作至少几十个（即使没有数百个）作品。在这种高强度学习之后，他意识到自己仍然存在的不足，又会投入到一种新的资源、方法或风格中，然后重新开始。虽然没有证据表明凡·高自发意识到这点，但我在这一模式和成功的科学家使用的模式之间看到了相似之处：假设、实验、结果、重复。无心插柳柳成荫，凡·高在绘画领域的大胆尝试，让他不仅成为一名熟练的画家，而且是一名令人难忘、独一无二的画家。

自他首次试着成为一名画家时起，凡·高的漫长试验就开始了。在那个年代，进入艺术生涯的正常途径是去艺术学校或在画室当学徒。由于别人并不认为凡·高有什么才华，再加上他古怪的脾气，所以他在那些传统的道路上没有多少出彩的机会。因此，他开始自学，自学一些绘画基础知识课程。尤其是他大量使用了查尔斯·巴格（Charles Bargue）的《炭笔练习》和《绘画课程》，以及阿尔芒·卡萨格（Armand Cassagne）的《绘画入门指南》。那些厚厚的书上面配有逐级的练习。功夫不负有心人，只要一步一步坚持训练，有志向的画家完全可以逐步提高绘画技巧。根据传记作家的说法，凡·高"狼吞虎咽地阅读了这些大部头的书……一页又一页，一遍又一遍。"[4]凡·高向他的弟弟提奥报告："我现在已经完成了全部 60 张。"他还补充说，"我几乎画了整整两周，从早画到晚。"临摹是凡·高早期采用的另一种策略，他在后期的艺术生涯中一直坚持临摹。他一遍又一遍地临摹他最喜欢的作品之一——让 - 弗朗索瓦·米勒（Jean-François Millet）的《播种者》。早年，他就开始了画素描，但是他画得很吃力，特别是画模特，因为他很难准确地构图。

凡·高向其他艺术家、朋友和导师学习。安顿·凡·拉帕德（Anthon van Rappard）建议他尝试用芦苇笔和墨水，并采用成熟艺术家的短而快的笔触风格。另一位艺术家，安东·莫夫（Anton Mauve），建议他尝试各种不同的媒介：木炭、粉笔、水彩和蜡笔。这些尝试都以失败而告终。他们在一起期间，也就是在凡·高后来割掉耳朵的那所房子里，保罗·高更（Paul Gauguin）让凡·高根据记忆作画，让色彩暗淡一些，并采用新材料来达到不同的效果。这些策略对凡·高不起作用。因为没有直接面对场景描绘，他在素描方面的弱点更加突出，而且采用不同的绘画材料也于事无补，甚至与后来使他成名的风格背道而驰。然而，试验不一定要成功才有价值，在这个过程中，凡·高有了很多尝试新技法的机会。

凡·高不仅仅试验了新材料和方法，还在此过程中逐步奠定了他的艺术理念和绘画哲学。尽管他的画作以强烈、充满活力的色彩而闻名，但这并不是他的初衷。最初，他倾向于柔和、灰暗的深沉色调，就像在早期作品《吃土豆的人》中看到的那样。"几乎所有颜色都是灰色的。"[5] 他说，"在自然界中，除了那些色调和阴影，人们真的什么也看不见。"他坚信这一点，并以此为基础开展绘画。然而，后来他又转而使用了完全相反的颜色：明亮的、互补的色彩，通常是强加在一个场景上，而不是从自然中提取出来。他对当代艺术运动的立场摇摆不定。一开始，他更喜欢传统绘画，而不是新的印象派风格，后来他转向了前卫派，选择大胆而超越现实的形式。

凡·高的绘画试验，有两点值得注意。首先是他运用方法、理念和资源的多样性。他在绘画的许多方面都比较吃力，但最终能找到一种适合他的风格，我相信其中多样性尝试至关重要——取长补短。尽管艺术天才们通常能够抓住教给他们的第一种方法，并坚持到底。但其他人则需要进行大量的试验和尝试，才能找到适合的方法。第二点是他的学习强度。就像我到目前为止讨论过的所有超级学习者一样，为了成为一名艺术家，凡·高对绘画异常执着，一直在努力。尽管收到很多负面的反馈，经历了许多挫折，他坚持不懈地追求他的艺术高度，有时每天都能创作出一幅新画。在这两个因素的影响下，再结合多样性试验和积极的探索，他克服了早期的障碍，并创作了一些最具代表性的辉煌画作。

试验是精通的关键

当你开始学习一项新技能时，通常只要以优秀的人物为榜样就足够了。在讨论超级学习原则时，首先是元学习：理解一门学科是如何分解成不同的元素的，并看看其他人以前是如何学习的，从而寻找到一个有利的起点。随着你掌握的技能越来越多，你不再满足于效仿别人，你需要尝试并找到自己的发展道路。

原则 9　试验：跨出舒适区去探索吧

这个部分原因是学习一项技能的早期阶段往往是最容易上手、得到最佳支持的，因为每个人都是从同一个地方开始的。随着你技能的提升，可以教你的人越来越少，可以与你保持同步的同学也越来越少（你对书本、课程和教师的需求也降低了），你也开始与你的学习榜样分道扬镳。虽然两个新手的知识和技能非常相似，但两个专家可能已经掌握了完全不同的技能，这使提高这些技能成为一种越来越个性化的特殊冒险。

试验很有价值的第二个原因是，在你掌握了基本技能之后，你的能力更有可能进入停滞期。一项技能的早期学习是知识积累。你获得了新的事实、知识和技能来处理你以前不知道如何解决的问题。然而，越精进越意味着需要遗忘，因为你不仅要学会解决你以前不能解决的问题，你还必须忘记那

> 越精进越意味着需要遗忘，因为你不仅要学会解决你以前不能解决的问题，你还必须忘记那些陈旧无效的解决问题的方法。

些陈旧无效的解决问题的方法。新手和大师级程序员之间的区别通常不在于新手不能解决某些问题，而是大师们知道如何使用最佳方法，最有效、最干净的、没有任何后续麻烦地解决问题。当精进变成了一种适当忘却而不是积累的过程，当你强迫自己走出舒适区去尝试新事物时，试验就变成了学习的同义词。

当你愈发精进时，试验变得越来越重要的最后一个原因是，许多技能不仅奖励熟练程度，而且奖励独创性。伟大的数学家是能够解决别人不能解决的问题的人，而不仅仅是能够轻易解决以前已经有人解决过的问题。成功的商业领袖能够发现别人不能发现的商机，而不仅仅是模仿前辈的风格和策略。凡·高之所以成为有史以来最著名的画家之一，是因为他依赖的不仅仅是技巧，更有他的独创性。随着创造力越来越受重视，试验也显得越发至关重要。

三种类型的试验

在试验中，你可以看到不同层次发挥作用的整个过程，无论是凡·高作为艺术家的成功之路，还是凡·高作为榜样的学习探索之路。

资源试验

第一个试验就是你的学习方法、材料和资源。凡·高在他艺术生涯的初期就广泛地做了这方面的工作，尝试不同的艺术媒介、材料和学习技巧：参加自学课程，观摩同行艺术家创作，在画室、生活中写生等。这种试验有助于你找到最适合你的指导和资源。然而，重要的是，你的试验冲动必须要有与之相当的付出。凡·高在刚开始自学绘画时尝试了许多不同的方法，对每种方法他都付出了时间和精力并创作了大量的作品。

一个好的策略，往往是选择一种资源（可能是一本书、一门课或一种学习方法），并在预定的时间内严格地应用它。一旦你积极地运用新的方法，你就可以回过头来合理地评估它的效果，以及是否有必要继续使用这种方法，还是应该去尝试另一种方法。

技能试验

在一开始，试验往往集中在材料上。然而，在大多数领域中，接下来学习什么，选择越来越多，所以问题就不再是"我怎样才能学习这些东西"，而是"接下来我应该学什么"。语言学习就是一个最好的例子。大多数初学者的资源几乎都是相同的基本词汇和短语。然而，随着你的提升，接下来可能学到的东西会越来越多。你应该学习阅读文学作品吗？还是应该学习口语直至能流利地谈论专业话题？看漫画书？谈生意？每一个领域的专业词汇、短语和文化知识都会成倍增加，所以很有必要选择你要掌握的知识领域。

试验这时再次发挥了关键作用。在你想培养的技能中选择一个小主题，花些时间积极地学习，然后评估结果。你应该继续这个方向还是选择另一个？这里没有标准答案，但心底有方向会对你想掌握的特定技能更有用。

风格试验

当你在学习上成熟了一些，学习资源或你想掌握的技能方向已经不再是问题，关键就到了你想培养什么样的风格。虽然有些技能只有一种"正确"的学习方式，但大多数并不都是这样。写作、设计、领导、音乐、艺术和研究都涉及开发特定的风格，这些风格有不同的优劣。一旦你掌握了基础知识，就不必再沿着死板的套路去做每件事，而是可以去尝试更多不同的可能性，这些可能性都有各自的优缺点。这为试验提供了另一个机会。凡·高尝试了许多不同风格的艺术创作，从传统画家如米勒，到日本版画，并研究了他的画家朋友如高更和拉帕德使用的绘画技巧。虽然没有准确答案，但你也可以像凡·高一样，你会逐步了解自己的优势和劣势，知道哪些风格比其他风格更适合你。

尝试不同风格的关键是要了解现行的所有不同风格。凡·高再一次树立了一个很好的榜样，因为他花了大量的时间研究、讨论其他艺术家的作品。这让他尽可能了解了大量风格和理念，总有一种特别适合他。类似地，你可能想要在你的研究领域找到大师，分析是什么使他们的风格成功了，看看有没有你可以模仿的方法，把它整合到你自己的方法中去。

在每一个层次的试验中，你的选择范围都在扩大，可供探索的可能性也呈指数级增长。是花时间尝试不同的资源、技术和风格，还是把精力集中在一种风格上直至精通为止，这两者之间存在着冲突。随着你不断探索、深入学习新方法，这种冲突带来的紧张感通常会自行缓解。尝试新想法并积极地付诸实践——凡·高将这一模式运用得非常出色，并借此弥补了他所有的缺陷。

试验的心态

试验所需要的思维模式和斯坦福大学心理学家卡罗尔·德韦克（Carol Dweck）所说的成长型思维模式[6]有相似之处。在她的研究中，她区分出两种看待个人学习和潜能的不同方式。在固定思维模式下，学习者认为他们的特性是固定的或天生的，因此没有必要去提高。相反，在成长型思维模式下，学习者认为自己的学习能力是可以被积极提高的。在某些方面，这两种思维模式成为自我实现的预言。那些认为自己可以提高和成长的人，真的做到了；那些认为自己是固定不变的人，被困住了。

斯坦福大学心理学家卡罗尔·德韦克区分出两种看待个人学习和潜能的不同方式。在固定思维模式下，学习者认为他们的特性是固定的或天生的，因此没有必要去提高。相反，在成长型思维模式下，学习者认为自己的学习能力是可以被积极提高的。

显而易见，这与试验所需要的思维模式是相似的。试验是基于这样一种信念，即你能够改进你的学习方法。如果你认为你的学习风格是固定不变的，或者你认为自己具有某些不可改变的优点和缺点，这将阻止你去尝试不同的方法来获得技能，你将根本无法进行尝试。

我认为试验型思维模式是成长型思维模式的延伸：成长型思维模式鼓励你看到改进的机会和潜力，试验则执行某项计划来实现改进结果。试验型思维模式不仅假设成长是可能的，而且创造了积极的策略，探索所有可能的方法来实现个人成长。要想进入试验的正确思维空间，你不仅需要相信自己的能力是可以提高的，而且要明白有很多可能的方法可以帮助你做到这一点。不断试验和探索，摒弃死气沉沉的教条主义，是发挥出这种潜力的关键。

如何试验

试验，听起来很简单，但事实上实施起来相当棘手。原因在于，一连串随性的学习活动通常效果并不好，并不能让你精通。为了奏效，试验需要你先了解自己面临的学习问题，并想出可能的方法来解决。这里有一些策略可以帮助你把试验融入超级学习项目中。

策略 1：模仿，然后创造

这是试验的第一个策略，我们可以在凡·高的作品中看到。虽然凡·高最著名的是他的原创作品，但他也花了很多时间临摹他喜欢的其他画家的素描和画作。模仿在某种程度上简化了试验的问题，因为以此为起点，你开始尝试自己做决定。如果你像凡·高一样，正在学习绘画，你能创造出什么样的艺术作品，你能运用什么绘画技巧，可能性多如繁星，要想从中做出选择和决定，如大海捞针一般。然而，如果你一开始就模仿另一位画家，你就可以利用这个立足点在你自己的创作方向上进一步探索。

除了简化选择之外，这个策略还有另一个优势。在试图模仿或临摹时，你必须解构它，以理解其运作原理。你会发现别人在某些方面做得特别好，而这一开始时并不明显。你还可以消除幻想，或许你认为某一方面很重要，但当你临摹他人作品时，你会意识到事实并非如此。[7]

策略 2：平行比较各种方法

科学的方法是认真控制条件，使两种情况的差异仅限于你研究的变量。你可以将同样的过程应用到你的学习实验中，通过尝试两种不同的方法，只改变一个条件，看看效果如何。同时使用两种不同的方法，你不仅可以快速地知晓哪些方法最有效，而且还能知道哪种方法更适合你的个人风格。

我在学习法语词汇上应用了这种策略。我不确定助记法有多有效。在一个月的时间里，我每天都会找 50 个新单词，包括我经常阅读的书中的或生活中偶然碰到的词。

其中一半的词，我边查字典边看翻译。对于另一半词，我努力用视觉助记符把这两个意思联系起来。然后，在以后的测试中，我比较了我从两个列表中记住的单词的数量，每个单词都是从列表中随机抽取的。结果如何呢？在阅读了本书关于检索和记忆的章节后，你心里可能已有预期了，是的，我用助记法记住的单词几乎是没用助记法的两倍。这表明，虽然创建助记符需要多花一些时间，但是值得一试。

进行分割测试有两个好处。首先，就像在科学实验中一样，哪种方法最有效呢？如果把变量限制在你想要测试的因素中，那么试验结果会呈现更可靠的信息。其次，通过使用多种方法或应用多种风格来解决问题，你将增加专业知识广度。强迫自己去尝试不同的方法也会鼓励你走出舒适区，去大胆尝试和试验。

策略 3：引入新的约束

学习的最初挑战在于你不知道该做什么，学习的最终挑战在于你认为自己已经知道该做什么。正是由于后者，我们才会习惯性地重复以前用以解决问题的常规方法。事实上，以往的方法并不见得总是最好的。我们需要引入新的约束条件，使旧方法失效，从而强有力地摆脱惯性思维。

最了不起的创新来自约
束和限制，这实际上是一条设
计公理——给设计师无限的自
由，设计方案通常会一团糟。
另一方面，在如何继续前进的
问题上设置一些特定的限制条
件，可以激励你去探索你不太
熟悉的选项，磨炼你的潜在技

> 学习的最初挑战在于你不知道
> 该做什么，学习的最终挑战在
> 于你认为自己已经知道该做什
> 么。正是由于后者，我们才会
> 习惯性地重复以前用以解决问
> 题的常规方法。

能。你该如何增加限制来迫使自己拓展新的能力呢？

策略 4：在不相关的技能中寻找你的超能力

传统的掌握技能的方法是选择一种明确的技能，并坚持不
懈地练习，直到出神入化、得心应手。这是许多运动员的必经
之路，他们经过几十年的训练来完善他们的投篮、跳跃、传球
和投掷技巧。对于许多创造性或专业技能的领域，另一个捷径
是将两种不一定重叠的技能结合起来，从而获得那些专攻其中
一种技能的人所不具备的明显优势。例如，你可能是一个非常
擅长公开演讲的工程师。你可能不是最好的工程师，也不是最
好的演讲者，但将这两种技能结合起来，你就能成为在公司会
议上展示工程主题的最佳人选，从而获得新的职业机会。《呆
伯特》（Dilbert）的作者斯科特·亚当斯（Scott Adams）的成功
就是因为采纳了这种策略：他具有工程师背景，同时又具有工
商管理硕士教育背景，而且还是漫画家。[8]

这种水平的试验经常在多个超级学习项目中进行。在完成MIT 的挑战项目后，我可以运用我所学到的编程知识编写脚本，从而自动生成学习中文的单词卡。一旦你开始探索自己掌握的一项技能是如何影响另一项技能时，协同增效效应就成为可能。

策略 5：探索极端

凡·高在很多方面都超越了常规艺术。他厚重的颜料与文艺复兴时期的大师们所使用的薄层釉相去甚远。他的笔触粗狂热烈，比其他画家的精细笔触要迅猛得多。他的色彩大胆，通常既夸张又鲜明，而不是谨慎微妙的。如果你画一张图表，把凡·高的风格与其他画家的风格进行比较，你可能会发现他在许多方面都是极端的。

一个有趣的数学现象是，当你达到越来越高维度时，高维球体的大部分体积都在它的表面附近。例如，在二维（圆）中，只有不到 20% 的质量位于半径 1/10 的外层。在三维空间（一个球体）中，这个数字几乎上升到 30%。在十维空间中，几乎3/4 的质量都在最外层。你可以想象学习复杂的主题，类似于去寻找在高维空间里除开长度、宽度、高度外的一个最佳点，这些维度可能是定性方面的技术，如凡·高的颜色的互补，颜料的应用，或者其他方面的技巧，你可以选择不同的应用强度。这意味着技能领域越复杂（也就是说，它包含的维度越多），该技能的应用范围就越大，而这些应用至少跨越了其中一个维度。这表明，对于许多技能来说，在某种程度上，最佳选择是极端的，因为更多的可能性本身就是极端的。坚持中庸之道并谨慎行事，并不太合适，因为这样你很可能浅尝辄止，不能探索所有的可能性。

通常更好的试验策略是把你正在培养的技能的某些方面发挥到极致，即使你最终决定让它回到中等水平。这样，你就能有效地搜索可能性空间，同时也获取了更广泛的经验。

试验和不确定性

学习是以两种方式进行实验的过程。第一，学习行为本身就是一种试错实验。直接练习，获得反馈，试着找寻问题的正确答案，这些都是调整你头脑中的知识和技能以适应现实世界的方法。第二，尝试学习方法也是试验过程。尝试不同的方法，找到并使用最适合你的方法。我在本书中试图阐明的原则应该是一个很好的起点，但它们只是指导方针，而不是铁律，是起点，而不是终点。只有通过试验，你才能在不同的原则之间找到正确的取舍，例如，什么时候直接学习更重要，什么时候你应该专注于训练弱项，到底是记忆还是直觉是学习的主要障碍等。试验会帮助你在方法上的细微差异中做出决定，而这些差异是没有一份原则列表可以详尽涵盖的。

拥有试验的心态，勇敢地走出你的舒适区去探索吧。许多人墨守成规，方法老旧，因此，他们很难领会知识，因为他们不知道最好的方法。效仿典范、运行测试、探索极端，这些都能帮你摆脱根深蒂固的习惯，并尝试新方法。这个过程不仅会教给你抽象的学习原则，还会教给你具体的策略，以适应你的个性、兴趣，让你取长补短。

> 效仿典范、运行测试、探索极端，这些都能帮你摆脱根深蒂固的习惯，并尝试新方法。这个过程不仅会教给你抽象的学习原则，还会教给你具体的策略，以适应你的个性、兴趣，让你取长补短。

学习语言的最佳途径是练习口语，还是通过电影和书进行大量输入？你是否更适合通过创建游戏或参与开源项目来学习编程？这些问题没有唯一正确的答案，人们采用各种不同但适合自己的方法取得了成功。

　　我自己的学习经历就是不断试验的过程。在大学里，我特别注重建立关联和连接。在MIT挑战项目中，我转而以实践为基础。在我第一次学习外语（法语）的经历中，我很马虎，大部分时间其实都在说英语。在第二轮尝试中，我尝试了另一种极端，看看我是否能避开这个问题。在进行这些超级学习项目的时候，我不得不经常调整方法。例如，尽管只有30天的时间，从画素描图开始，我的肖像绘画挑战项目就涉及了大量的试错，一直曲折前进。如果我使用这种画法，进展明显变慢时，我便尝试着更快地画素描，以获得更多反馈。当达到一定的极限值时，我就花点时间学习另一种完全不同的画法，二者通用以达到更高的准确度。

　　当然，我的学习经历有成功也有失败。很多次，我以为我一定可以取得进步，结果却惨败了。刚开始学中文的时候，我想我可以用某种助记系统来记住汉字，用颜色来表示声调，用记忆符号来表示音节。这是因为我常用的类似发音的视觉助记法对汉字不起作用，这些汉字听起来和英语很不一样。结果我彻底失败了，这些方法一点用都没有！其他时候，我尝试使用新方法，结果却极为成功。到目前为止，我在这本书中分享的大部分技巧，一开始我都不太确定是否会成功。

　　试验的原则是将所有其他因素联系在一起考虑。它不仅让你尝试新事物，认真思考如何迎接具体的学习挑战，还鼓励你大胆地抛弃那些不起作用的方法。谨慎的试验不仅能激发你最大的潜能，还能在现实生活中对学习成果进行及时检验，让学习的坏习惯和盲从迷信销声匿迹。

你的第一个超级学习项目

每天都是新的开始。

——玛丽·雪莱（Mary Shelley）

现在，你可能迫不及待想开始你自己的超级学习项目。由于担心能力不够，害怕挫折，或缺乏时间，你已经推迟了好些可学的东西了，还有什么可学、可补救呢？哪些旧技能你可以提升到新的高度？超级学习的最大障碍说来简单，那就是大多数人都不太关注自己的自学能力。你能把这本书读到这里，我都怀疑这是不是真的。记住，学习，不管是什么形式的学习，对你来说都很重要。问题是，这种兴趣的火花是会燃烧成火焰，还是会被过早地扼杀。

超级学习项目执行起来并不容易。需要制订计划，付出时间和努力。然而，付出的努力是值得的。能够快速有效地学习具有挑战性的领域是一项强大的学习技能。一个成功的项目往往会引出其他项目。通常第一个项目最需要周密思考、认真规划。一个可靠的、研究充分的、执行良好的计划可以给你信心来面对未来更艰巨的挑战。一次失败的尝试并不是一场灾难，但它可能会使你不愿从事未来类似性质的项目。在这一章中，我将用我所学的一切告诉你，如何顺利开展超级学习项目。

第一步：做好调查

任何项目的第一步都是做必要的元学习研究，好的开始是成功的一半。提前计划可以避免很多问题，还能防止你还没有取得一丁点儿进步就不得不对学习计划做出重大修改。研究有点像为长途旅行打包行李。你可能没有带对东西，或者你可能忘记了一些东西，需要在路上买。然而，提前考虑、适当筹划将防止后续进行大量盲目摸索。你的超级学习"筹划"清单至少应该包括以下内容。

你要学习的主题和大致范围

显然，除非你弄清楚自己想学什么，否则任何学习项目都不可能开始。在某些情况下，这显而易见。在其他情况下，你可能需要做进一步的研究来确定哪种技能或知识最有价值。

如果你的学习目标是工具性的（创业、升职、为一篇论文做研究），了解你需要学习的内容很重要，这暗示了你需要学习的深度和广度。我建议从一个较小的范围开始，在你继续进行的过程中再适当扩展。"学习足够的普通话来就简单话题进行 15 分钟的对话"比"学汉语"的范围窄，因为后者可能包括阅读、写作、研究历史等。

你要使用的主要资源

这包括书、视频、课程、教程、指南，甚至还包括导师、教练和同学。这是你决定你的起点的东西。例如："我要阅读一本面向初学者的 Python 编程书并完成其中的练习"，或者"我要通过 italki.com 的在线辅导来学习西班牙语"，或者"我要通过画素描来练习绘画"。在某些课程中，静态材料将决定你如何进行。在另一些课程中，它们将成为你实践的后盾。在任何情况下，你都应该在开始之前确认、购买、借用或下载这些资源。

其他人如何成功学习这一技能或学科的基准

几乎所有当前流行的技能都有在线论坛，以前学过这些技能的人会在那里分享他们的方法。你应该明确其他人是如何学习这项技能的。这并不意味着你需要完全跟随他们的脚步，但它会防止你完全错过一些重要的东西。第 4 章中的专家访谈法可以作为一个很好的操作方法。

直接的实践活动

你正在学习的每一项技能和科目最终都会在某个地方使用，即使它只是简单地被当作学习某些知识的工具。考虑如何使用这项技能可以让你尽早找到机会练习。即使有些技能不可能直接实践，你也应该抓住模拟练习的机会，明确使用该技能的心理需求。

备份材料和训练

除了主要材料和方法外，看看你可能会使用的练习和备份材料，这也是一个好主意。如果你意识到某个工具或一组材料可能有用，但又不想一开始就不知所措，那么备份材料通常是很好的做法。

第二步：安排好时间

要想学好超级学习项目，并不一定需要全日制的时间安排、高强度的努力付出。然而，你仍然需要投入一些时间，最好提前决定愿意投入多少时间来学习，而不是简单地寄希望于以后能找到时间。提前计划好你的日程安排，理由有二。首先，通过这种方式，你下意识地将你的学习项目排在其他事情之前，并把它写在日历上。其次，学习的过程往往是令人沮丧的，而点击 Meta、Twitter 或 Netflix 几乎轻而易举。如果你不预先留出时间，后面就很难有动力去学习。

你要做的第一个决定是你要投入多少时间。这通常是由你的时间表决定的。你可能在工作中有一段时间可以进行强化学习，但时间只有一个月。或者，你可能有一个完整的时间表，你每周只能花几个小时来学习。无论你能承诺什么时间，提前决定。

你需要做的第二个决定是何时开始学习。在星期天的几个小时里？提前一个小时起床，并在工作前投入时间？在晚上吗？在午休时刻吗？再说一次，最好的方法是根据你的时间表做最轻松的事情。我建议制作一个固定的时间表，每周都是一样的，而不是在你可以的时候试着去找时间学习。坚持到底就能培养一个好习惯，习惯成自然。如果你完全没有选择，一个临时的时间表总比没有好，但这样你就需要更自律来坚持学习。

如果时间表比较灵活，那就要进行最优化。短期、间隔更短的时间块比塞满的时间段更利于记忆。然而，有些类型的任务，比如写作和编程，准备时间比较长，也就需要较长的不间断时间段。多多实践方能帮你找到最适合你的方法。如果你发现需要很长时间准备，那就在你的日程安排中选择较长的间隔时间。如果你发现自己在几分钟内就能开始工作，那么分配更短的时间块将有助于保持长期记忆。

你需要做的第三个决定是超级学习项目的时长。比起长期投入，我通常更喜欢短期投入，因为它们更容易坚持。持续一个月的高强度项目很少受到干扰，比如生活方面的干扰，或学习动机发生变化，越来越没有动力学习等。如果你有一个大目标，你想要完成，但无法在短时间内完成，我建议把它分成多个小目标，几个月完成一个小目标。

最后，把这些信息记在你的日历上。无论是从逻辑上还是从心理学角度而言，提前安排项目中所有的学习时间，都是大有裨益的。从逻辑上讲，这将帮助你提早发现由于假期、工作或家庭事件而产生的可能冲突。从心理上讲，它会帮助记住并执行最初的计划，这比把计划写一张纸上然后搁在抽屉里好多了。更重要的是，学习规划日程表表明了你对做这个项目的认真态度。

我清楚地记得在开始 MIT 挑战项目之前写下的假定的学习日程表。在计划的督促下，我一早起床学习到早上 7 点为止，然后工作到下午 6 点，只有短暂的午餐休息时间。实际上，尽管执行日程表时我很少达到理想状态（即使在我学习强度最高的前几天，我也几乎从未连续工作 11 个小时），但只是写下时间表就已经帮助我在心理上为未来的项目做好准备了。如果你不愿意在日历上排好时间，那么你几乎肯定也不愿意花时间学习。如果你到这个阶段还在犹豫，那说明你的内心还没有为学习做好准备。

作为一个额外的步骤，对于那些正在着手 6 个月或更长时间的项目的人，我强烈建议你做一周的尝试时间表。这很简单：在你付诸行动之前，先测试一周的日程安排。这会让你切身体会到项目有多么困难，并避免过度自信。如果你在第一周后已经感到精疲力竭，你可能需要调整一下。重新调整你的计划，使之更适应你的生活，这并不是什么羞耻的事情。做出这

种调整比中途放弃要好得多，因为你的原计划从一开始就注定
要失败。

第三步：执行计划

无论你最初的计划是什么，现在就行动。没有什么计划是
完美的。你可能会意识到，你现在的学习方法与超级学习原则
所确立的理想方式有所不同。你可能会注意到，你的计划过于
依赖被动阅读，而不是检索练习。你可能会发现，你练习的方
式迂回曲折，与你实际应用所学的方式相去甚远。你可能觉得
你忘记了一些东西，或者在没有真正理解它们的情况下记住了
它们。没关系。在某些情况下，你不可能有完美的学习方法，
因为完美的学习方法根本不存在。然而，你能敏感地感受到学
习方式与原则不一致，这很好，借此，你就能发现你需要做出
什么改变来完善自己的计划。

这里有一些问题可以问问自己，看看你是否正在偏离
航向：

（1）元学习。我有没有研究过学习这门学科或技能的典
型方法？我是否采访过成功的学习者，看看他们可以推荐哪些
资源和建议？我是否花了总时间的 10% 来准备我的项目？

（2）专注。我学习的时候注意力集中了吗？我因同时处
理多项任务而分心了吗？我有没有直接跳过课程学习时段或者
拖延学习？当我开始一个口语会话时，我需要多长时间才能流

畅自如？在我开始走神之前，我能保持专注多久？我的注意力有多敏锐？我应该更加专注加强学习，还是应该更多地进行发散性思维从而提升创造力？

（3）直接。我是否按照自己预期的最终应用环境来学习这项技能？如果不是，那么在现实场景中，我的训练缺失了哪些心理建设过程？我该如何练习才能把我从书本/课堂/视频中学到的知识应用到现实生活中？

（4）训练。我是否打算在自己表现中最薄弱的地方多花时间？阻碍我前进的限速步骤是什么？我是不是觉得自己的学习速度变慢了，需要掌握的技能组成部分太多了？如果是这样，我该如何将一项复杂的技能拆分为更小、更易于管理的部分？

（5）检索。我是不是把大部分时间都花在阅读和复习上了？或者我是不是不看笔记就能凭记忆解答问题、回忆知识点了？我是否有办法自我测试，或者我只是假设我能记住？我能清晰地解释我昨天、上周、一年前学到的东西吗？我怎么知道我能做到？

（6）反馈。我是否在项目早期就获知了关于我表现的真实反馈，还是我在试图逃避打击和批评？我知道自己哪些方面学得好，哪些方面学得不好吗？我是否正确地使用了反馈，或者我是否对嘈杂（干扰）数据反应过度？

（7）记忆。我是否有计划长期记住所学的内容？为使记忆更为持久，我是否有接触信息的间隔时间？我是否能将事实知识转化为便于永久记忆的程序性知识？我是否对该技能最关键的部分精益求精了？

（8）直觉。我深刻理解我正在学习的知识了吗，还是只是死记硬背？我能把我正在学习的理念和程序教给别人吗？我能分辨我正在学习的东西的正确性吗？还是说我的知识体系间似乎是随意的、无关的？

（9）试验。我是否受困于现有的资源和技术？我是否需要扩展并尝试新的方法来达到我的目标？掌握基本知识之外，我怎样才能创造出一种独特的风格，创造性地解决问题，做别人没有探索过的事情？

总的来说，这些原则是方向，不是目的。在每种情况下，看看你目前应该如何处理材料，看看你是否需要做出改变。你需要更换资源吗？你是否需要坚持使用相同的资源，但花更多时间在不同类型的练习上？你是否应该寻找新的学习环境来获得反馈，进行直接学习或沉浸式学习？这些都是你在前进的道路上可以做出的微妙调整。

第四步：回顾结果

当你的项目完成后（或者你因为某种原因暂停了），你应该花点时间分析分析。哪里做对了？到底是哪里出了错？下次该怎么做才能避免犯同样的错误？

记住，并不是所有的项目都会成功。我曾经有过好的超级学习项目，感觉很棒。我也有过一些失败的项目，完全不如我所愿。尽管人们把项目完成的好坏归咎于意志力和动力，但项目的问题往往可以追溯到人们的学习理念。旅行结束后，我启动了一个超级学习项目，每周投入 5 个小时，致力于提高我的韩语水平，但它并没有像我希望的那样顺利，因为我并没有从一开始就投入足够的时间去专注于沉浸式的直接语言实践。相反，很大程度上，我的学习方法依赖于课本上的练习题，这非常枯燥，而且不能很好地把知识迁移到现实生活中。如果我多考虑一下，我就会提前一两个星期去找地方训练，而不是中途犹豫不决，很显然，那时我已经失去了一些动力。这次艰难的学习经历表明，掌握超级学习原则是一个终生的过程。即使学习了很多语言，知道了怎么学最有效，我还是会因为没有充分规划，不知不觉采取一个效率较低的方法。在其他情况下，一个项目可能不会像你希望的那样成效卓著，但是由此得到的经验教训仍然是有价值的。从一份必读书单开始，我着手启动了一个深入学习认知科学的项目。不过，最终，这个项目的学习内容变了，从深入学习变成了我为写这本书而做深入的研究。这让我接触到了很多科学知识，而现在，这些知识与直接地应用结合了起来。

成功的学习项目也值得分析。它们往往比你的失败项目更能说明问题，因为一个成功项目之所以成功，一定有它的原因，而这正是你希望在未来保留和模仿的地方。就像所有的自学一样，超级学习的目标不仅仅是学习一项技能或一门学科，而是磨炼和提高你的整体学习过程。为了下一个学习项目，每个成功的项目都可以进行精益求精，取其精华。

第五步：选择保持还是精通你的所学

在你掌握了技能，分析了学习过程之后，你就要做出选择了。你想用这个技能做什么？如果没有适当的计划，大多数知识最终都会多多少少被遗忘。如果遵循超级学习原则，这个情况会有所缓解。在没有任何形式的干预的情况下，所有的知识都会多多少少被遗忘。干预的最佳时机是在刚学习了一些技能或知识之后就做出选择，如何应用这项技能或者知识。

选择 1：保持

第一种选择是投入足够的练习来保持技能，但没有任何具体的目标或想将其提升到一个什么样的新水平。养成定期练习的习惯，即使这是一个微小的练习，也可以保持下来。就像在记忆那一章中提到的，在我"不说英语"项目结束一年之后，我的一个担忧是，在短时间内如此高强度地学习语言，学得快，忘得也快。因此，旅行结束后，我继续练习，头一年我每周花 30 分钟练习每种语言，第二年我每月在每种语言上花 30 分钟。

另一个选择是试着把这项技能融入你的生活中。我如何保持编程技能呢？简单而言，就是把技能融入生活中。我编写 Python 脚本来处理工作任务，这些工作既复杂又烦人。这种训练比较零散，但能确保我有足够的练习时间使其继续可用。这种轻量级的用法与我在 MIT 的课程中学到的奥数和算法相去甚远，但如果我以后想从事更大的项目，它足以让我迈出第一步。

遗忘，正如赫尔曼·艾宾浩斯在一百多年前发现的那样，遗忘曲线呈指数下降。这意味着，如果你在随后持续记忆，被保留下来的记忆就越难遗忘。这种模式表明，保持练习也可以减缓记忆衰减的速度，你所获得的大部分知识将被保存下来。这意味着，你只要从一开始就养成更认真的练习的习惯，即使在项目完成一到两年之后减少花在练习上的时间，你仍然能获得最大的好处，就像我学习语言时所做的那样。

选择 2：再学习

遗忘虽然令人遗憾，但对于许多技能来说，之后重新学习的成本要小于持续保持其活跃的成本。这有几个原因。首先，你学到的东西可能比你实际需要的要多，有些知识会因为不用而有选择地消失，它们会自动归类到对你不那么重要的知识中去。我学了很多 MIT 的课程，我认为我再也不会用到了，尽管理解知识要点以后可能会派上用场。因此，保持我对模态逻辑定理的证明能力，到目前为止，只有某些边际价值。知道模态逻辑是什么，知道我在哪里可以应用它，为新学之用，这就足够了。

再学习通常比初次学习容易。尽管考试成绩会急剧下降，但这是因为知识很可能难以在大脑中提取，而不是完全被遗忘了。这意味着，进行复习课程或一系列的练习就足以在短时间内重新激活它。对于那些不需要经常使用的知识点来说，这可能是最佳的策略，即便有朝一日需要使用它们，也会有预警，不会毫无征兆地出现。通常，认识到某一特定领域的知识有助于解决某一特定的类型问题，比记住解决问题的细节更重要，因为后者可以重新学习，但忘记前者将切断你解决这些问题的途径。

选择 3：精通

第三种选择，深入挖掘你所学到的技能。你可以轻松自在地持续练习，也可以跟进另一个超级学习项目。在我自己的学习过程中，我注意到一个常见的模式是，一个最初的学习项目覆盖了更广泛的领域，涵盖了一些基础知识，并为以前模棱两可、一知半解的内容提供了新的学习途径。你可以在你之前学习的领域中找出一个你想要跟进的小主题或技能分支。或者，你可能想把在一个地方学到的技能迁移到一个新的领域。我从中国旅行回来后的一个目标是更好地学习中文阅读，这在我到中国旅行时只是一个附带目标。

要想做到精通，其路漫漫，其难度远远超过单个学习项目。有时候，你在最初为克服的障碍所做的努力，就足以为缓慢的积累过程扫清道路，使你最终达到精通。万事开头难，在很多领域，刚开始是相当令人沮丧的，所以如果不付出一定的努力，一般很难开展实践。然而，在达到这个阈值之后，这个过程就转换成积累大量知识的过程，你也可以更有耐心地进行下去。有些项目会陷入困境，你需要花时间抛掉以前所学，适度清零，再次战胜挫折，从而走出困境，取得进步。开展这类项目的学习者将从明确而积极的超级学习方法中受益更多，以达到最终精通的目的。

超级学习的替代方案：低强度的习惯和正式的指导

正如本书之始所言，我认为超级学习是一种策略。既然是策略，那就意味着它有利于解决某些问题。考虑到这种策略有些不常见，我想在本书中集中讨论这种策略，而不是试图详细描述所有有效学习的方法。然而，既然我已经做到了这一点，我认为有必要谈及另外两种策略，它们在不同的情况下也适用于超级学习。

我所接触的超级学习者中，没有一个是从始至终都用同样的方法的。例如，本尼·刘易斯确实做过高强度语言学习项目。他反复去往使用这些语言的国家，广泛应用并深入研究他之前高强度学习中构建起来的语言知识。他的大多数语言都是以这样的方式学会的。为了在《危险边缘》智力竞赛节目中赢得比赛，罗杰·克雷格确实积极投入学习。不过，在他上节目亮相之前，他也比较从容悠闲地搜集一箩筐百科小知识。成为一个超级学习者并不意味着学习必须以最积极、最极端的方式来完成。我想简要地谈谈超级学习的两种主要替代策略，看看它们如何适用于终身学习的宏伟蓝图。

替代策略 1：低强度习惯

低强度的习惯在自发学习时效果很好。你的挫败感很低，学习自然会有收获。当学习障碍相当低的时候，你所需要做的就是去参加。不需要复杂的项目、原则或努力。例如，一旦你能用一门语言进行日常会话，那么再讲该语言的国家旅行和生活，你就会轻松自如，随着时间的推移，你也会积累越来越多的词汇和知识。同样，一旦你的编程能力足够好，可以在工作中使用，工作本身就会促使你定期学习新东西。如果你已经掌握了某一学科的基础知识，就可以阅读有关该主题的大量书，阅读有关该主题的书主要是花时间的问题，而不需要开发巧妙的学习策略。

当然，有一系列的学习习惯，有的是零努力、自发参与，有的是高努力、需要超级学习的快速习得技能。大多数学习习惯都介于两者之间，需要付出一点努力，但并不具备超级学习项目的强度。你可能已经掌握了 Excel 技能，足以来创建电子表格宏，但是你总是不能找到机会或时间去应用，所以你需要推动自己进行一些练习。你可能把公开演讲技能掌握得很好，但走上舞台还是需要勇气的。下一步是养成长期学习习惯，还是创建一个集中的超级学习项目？到底怎么做才是正确的呢？这往往不是十分明确，可能更多地取决于你的个性特征和生活限制，而不是一个硬性规则。

当学习过程主要是积累、增加新技能和知识时，学习习惯往往能发挥最佳作用。如果完善某一领域需要摒弃无效的行为或技能，超级学习和有针对性的努力更适合。增加外语词汇量通常是一个缓慢的积累过程，你要学习你以前不认识的单词。然而，改善发音需要忘记不当的发音方式。你训练自己使用不同的肌肉运动，这对你来说不是很自然。在某些领域，学习时会遭遇更大的挫败感和心理障碍，这些障碍使得任何形式的练习都太费力，使它们很难成为容易建立的习惯，这时超级学习将会发挥更好的效果。

在本书中，我们探讨了如何在有效学习和轻松学习之间做出取舍。有时候，最有趣的并不见得有效，更有效的可能一点也不轻松。这种权衡可能会促使你牺牲一些效率，选择更容易、更愉快的学习形式。然而，就我自己的学习经历而言，我觉得快乐往往来自擅长某事情。一旦你觉得自己能够胜任某项技能，它就会变得更加有趣。因此，尽管两者之间的冲突在短期内可能存在，但我认为追求积极的超级学习项目，往往是享受学习的一种更为保险的方式，因为你更有可能达到一个境界——学习自然而然地变得有趣起来。

替代策略 2：正规的系统教育

在这本书的开头我解释了，超级学习尽管不一定是闭门造册，却是自我主导的。自我主导是指谁在做决定，而不论其他人参与与否。因此，在学校进行超级学习并没有什么矛盾。这可能是学习你想要获得的技能的最好方式。像对待其他资源一样对待它吧。

尽管有区别，我还是认为有必要谈谈你想要接受正规教育而不是超级学习的其他原因。最明显的原因是获取证书。如果证书对你选择的工作来说是必要的或者是推荐的，为了获得证书，你需要在学习方式上做出牺牲。这本书的主旨不是告诉你应该辍学自学，而是告诉你，无论在什么地方学习，你都应该掌控自己的学习。接受正规教育的另一个原因是，它创造了一个有益的学习环境。尽管学校教育的许多方面曲折迂回且收效甚微，让人感到糟糕透顶，但它也有可取之处。设计和艺术学校通常采取学徒制。有些课程需要团队项目，而团队项目很难独立启动。最后，在研究生创建的学术社区里，你完全可以做到浸入式学习，你不仅可以直接接触到书上和论文中的理念，还可以接触到那些不同领域的专家之间间接交流的观点。超级学习并不是将这些机会拒之门外。这些学习机会真实存在而且异常宝贵，个体学习并不能取而代之。不要误读我的本意，否则，我会很失望的。要培养正确的思维模式，不是要你去拒绝任何缓慢的或标准化的东西，而是要认识到，你学会任何东西的可能性比你最初想象的要大得多。

终身学习

超级学习的目标是增加可利用的学习机会，而不是减少机会。它为学习创设新的途径，并推动你积极努力，而不是在一旁胆怯地等待。这并不是一个适合任何人的方法，但对于那些受到激励去使用学习策略的人，我希望超级学习法为你们提供了一个良好的开端。

非常规教育

给我一打健康、发育良好的婴儿，我可以按照我的意愿，把孩子们培养成任何专家——医生、律师、艺术家、大商人，甚至乞丐和小偷。

——心理学家，约翰·华生（John Watson）

朱迪特·波尔加（Judit Polgár）是被公认的有史以来最优秀的女子象棋选手。7岁时，即便蒙着眼睛，她还是赢了与国际象棋大师的第一场比赛。12岁时，她被国际象棋联合会（FIDE）排名全世界第55位。15岁时，她就成为史上最年轻的国际象棋大师，比著名的鲍比·菲舍尔（Bobby Fischer）之

前创造纪录时还小一个月。在巅峰时期，波尔加排名世界第
8，并参加了世界象棋锦标赛，是迄今唯一获此殊荣的女性。

　　国际象棋是由成年男子主导的游戏。因此，年轻的女孩
参加比赛，她的竞争对手必然充满好奇心和偏见。面对年轻的
波尔加，国际象棋大师埃德玛·梅德尼斯（Edmar Mednis）注
意到，他得非常小心，并竭尽全力地与这个年轻的女神童较
量。他特别提出："国际象棋大师不愿败在一个 10 岁的女孩手
下，否则我们就会登上所有报纸的头版。"[1] 还有一些竞争对
手称赞她的棋路，说她显而易见是个象棋天才。国际象棋大师
奈杰尔·肖特（Nigel Short）说，波尔加可能是"历史上三四
个伟大的国际象棋神童"之一。[2] 前世界冠军米哈伊尔·塔尔
（Mikhail Tal）曾暗示，在波尔加 12 岁时，她很可能会成为世
界冠军的有力竞争者。

　　加里·卡斯帕罗夫（Garry Kasparov）就不那么信服了。
许多人认为这位前世界冠军是有史以来最好的国际象棋选手。
他最著名的比赛是与 IBM 的机器人"深蓝"（Deep Blue）交手，
1996 年他赢了，1997 年输了。这标志着，在象棋这项历史上
被认为是人类创造力和智慧的最高表现之一的比赛中，计算机
开始占据优势地位。年轻的波尔加又有多大把握获胜呢？卡斯
帕罗夫不太乐观。"她有惊人的国际象棋天赋，但她毕竟是一
个女人。这一切都归结于女性心理的不成熟不完美，因为没有
一个女人能忍受一场持久战。"[3]

　　在他们的第一场比赛中，这种不经意的偏见就演变成了一
场激烈的争论。当时年仅 17 岁的波尔加正在西班牙利纳雷斯

参加一场锦标赛，与卡斯帕罗夫这位国际象棋传奇人物、前世界冠军对弈。尽管通常情况下，国际象棋棋手冷静而理性，因为双方都擅长计算棋路步法以获得最终胜利，但坐在占霸主地位的俄罗斯棋手对面，波尔加的心理压力不容小觑。在这种剑拔弩张的紧张气氛下，当卡斯帕罗夫移动第 34 步棋子时，刚放好"骑士"，他忽而改变主意，快速抬起手指，把它移到一个更好的方格上。这几乎是不可思议的。波尔加也惊呆了。根据国际象棋规则，一旦棋手停止碰一个棋子，这步棋就落定了，不允许任何更改。她半信半疑地瞥了裁判一眼，希望他能指出卡斯帕罗夫犯规了，然而裁判并没有对这位象棋宗师提出质疑。因这一举动，波尔加有点慌了阵脚，最终输掉了比赛。

有人问她为什么不亲自当场质疑这一违规举动，波尔加解释说："我是在参加国际象棋锦标赛，我不想在第一次受邀参加如此重要的赛事时引起不愉快。我还担心，如果我的投诉被驳回，在时间紧迫的情况下，我会被扣时间。"[4] 然而，比赛结束后，她怒火中烧。后来，她在酒店的酒吧里质问卡斯帕罗夫："你怎么可以这样做？"[5] 卡斯帕罗夫在为自己辩护时说道，"她公开指责我作弊。""我认为像她这样年纪的女孩应该懂一些礼貌。"[6] 多年后，两人才言和，但卡斯帕罗夫当时在国际象棋界已经声名远播，而波尔加才刚刚起步。

波尔加的独特之处在于，她不仅在男性主导的象棋界表现出色，而且她学象棋的方法与众不同。与鲍比·菲舍尔等其他著名棋手发自内心痴迷于象棋不同，波尔加的国际象棋天赋并非偶然。相反，它始于一个父亲的使命——培养天才孩子的使命。

天才养成记

　　早在波尔加面对这位传奇大师的数年之前，在她在国际象棋界迅速崛起之前，甚至在她的第一场比赛之前，她的父亲拉斯洛·波尔加（László Polgár）就已经做出了一个决定：他要培养一个天才。在大学研究智力时，他还没有成家，也没有孩子，但他已经开始酝酿他的计划了。他坚持认为"天才不是天生的，而是经过教育和训练养成的"。[7] 研究了数百位伟大知识分子的传记后，他更加确定天才是可以被培养出来的。他说："读完天才们的故事，我发现了一个共同点——他们都是在很小时就开始刻苦学习。"[8]

　　首先，他必须找到一个合作伙伴来进行他的教学实验。他在克拉拉身上找到了理想爱人的模样，克拉拉是一名乌克兰外语教师。和你写的浪漫情书完全不一样，他第一次和她通信就解释了他培养神童的想法。这位教师接受了他的求婚后，两人在苏联见面并结婚，然后搬回他的祖国匈牙利居住。这对夫妇共生了三个女孩子：苏珊、索菲娅和朱迪特。尽管只有朱迪特最终成了最具竞争力和最著名的国际象棋选手，但其实他们三个人都是世界级的棋手，苏珊也成了国际象棋大师，索菲娅也达到了国际象棋大师的地位。

拉斯洛和妻子住在狭小的公寓里，生活简朴，他们决定全身心地投入到培养神童的家庭教育中去。他们的策略是让女孩们在 3 岁的时候就开始接受教育，并在不晚于 6 岁的时候开始专攻某一领域。他们会先慢慢地向女孩子们介绍这门课程，然后尽可能短时间内把课程学习转化成游戏，这样孩子们就会主动地去练习，而不是被迫去做。不过，应用这一策略时，他们并没有指定学习主题。拉斯洛和克拉拉为女儿选择了许多不同的学习主题，从外语到数学等等。最后他们选择了国际象棋，因为象棋比较客观，而且进步很容易衡量。毫无疑问，当时社会主义国家的国际象棋水平处于领先地位，这增加了他们专注于象棋比赛的决心。

尽管拉斯洛和女孩们专攻国际象棋，但女孩们受的教育也是很广泛的。他们三个都学外语（最大的苏珊学了 8 门外语），还学了数学、乒乓球、游泳和其他项目。考虑到父母双方都需要投入巨大的精力，如果将他们的精力分散在三个不同的学科上，无论是资源还是时间，都超出了他们的预算或所能承受的范围。基于这个现实的原因，他们决定与三个女儿一起专攻国际象棋。

苏珊·波尔加是老大，率先在她身上实行神童养成计划。她 4 岁开始下国际象棋。6 个月后，她和父亲去了布达佩斯烟雾缭绕的象棋俱乐部。在那里，苏珊和年长的男棋手们一起下棋，最后她赢了。当轮到朱迪特·波尔加的时候，她已经跃跃欲试了。苏珊和索菲娅在拉斯洛专门用来下象棋的一间小房间里下棋，她可不想被排除在外。

很快，这三个女孩组成了一个队，她们四处奔波，与年龄大得多的男性选手同台对弈。她们同呼吸，共命运。共同的使命让她们的姐妹情愈加深厚。那时要想在国际象棋界有一席之地，她们阻力重重。匈牙利国际象棋联合会的政策是，女子只能参加女子象棋比赛。但是拉斯洛坚决反对这个想法。"在智力竞赛中，女性能够取得与男性相似的成就。"[9]他觉得，"国际象棋是智力活动，所以这适用于国际象棋。因此，我们反对这方面的任何歧视。"由于女性歧视，苏珊在15岁时与国际象棋大师头衔失之交臂。作为姐妹三人中最小的孩子，当朱迪特遇到这些障碍时，她的姐姐们已经打破了这些障碍，她可以不用参加女子象棋锦标赛。

尽管她们的教育水平相同，且三个人在国际象棋方面都达到了令人瞩目高度，但她们的实力却不尽相同。索菲娅在三个人中棋技最弱。虽然她已经达到了国际象棋大师的水平，但她后来决定退出象棋，专注于艺术和家庭管理。苏珊从小就没有专攻国际象棋，她学习了8种语言，她父亲承认这可能让她分散了精力，使她无法发挥出她最大的象棋潜能。据苏珊说，朱迪特起步较慢，但她有着最强烈的坚持，对国际象棋甚是"痴迷"，其程度令其家人也觉得非同寻常。

再战卡斯帕罗夫

尽管颇有争议，朱迪特在被卡斯帕罗夫击败8年后，她又一次有机会迎战这位传奇大师。2002年在莫斯科举行的俄罗斯对世界其他国家的比赛中，朱迪特与卡斯帕罗夫进行了一场快速国际象棋比赛，每位选手只有 25 分钟的比赛时间。朱迪特以 Ruy Lopez 开局，也就是西班牙开局，这种象棋开局法是以 16 世纪西班牙主教、象棋战略家的名字命名的。这是国际象棋中最常见的开局之一，在第二和第三步中将"马"和"象"移动到恰当的方格中。卡斯帕罗夫以柏林防线反击，将第二个"马"移到棋盘上，而不顾对手的"象"造成的潜在危险。众所周知，这是一个保险的筹码，最不济的结果就是平局。卡斯帕罗夫没有冒任何风险。在一连串的棋子落定之后，双方已经不相上下。朱迪特，作为白方，把"国王"围了起来，避免被对方"吃掉"。卡斯帕罗夫，作为黑方，虽然失去了获得同样安全的机会，但同时保留了明方格和暗方格的"象"组合，这是一个强有力的组合，往往能决定比赛的胜负。朱迪特冷静地向前移动棋子，把卡斯帕罗夫的一只"象"逼入绝境，卡斯帕罗夫已没有任何优势。虽然进展缓慢，但可以确定的是，朱迪特走的每一步棋，都在不断提升自己的优势，卡斯帕罗夫的棋路则越来越值得怀疑。最终，朱迪特凭着在中场积累的小小优势，一步步接近胜利。卡斯帕罗夫两个"兵"被吃掉，面临即将被将军的威胁，他认输了。

　　战败后，卡斯帕罗夫修正了他先前对朱迪特棋技的评价，以及在最高水平象棋赛中女子与男子不能同台对弈的观点。"波尔加一家的研究表明，人类的天赋并没有与生俱来的局限。直到被一个 12 岁扎马尾辫的女孩毫不留情地击倒，很多男性棋手才接受这一观点。"[10]

实验的结果

拉斯洛·波尔加坚信他能把任何健康的孩子培养成天才，如果他没有真正成功，这种断言会让他看起来像个疯子。然而，细心的读者会注意到，就实验而言，拉斯洛的实验有很多漏洞，不是纯科学实验的典范。首先，没有对照组。波尔加三姐妹都接受同样的教育。实验中没有出现第四个姐妹，即按照正常方式上学而错过拉斯洛的特殊训练的女孩。实验对象没有随机化。拉兹洛并不是随机收养一个孩子，然后以他独特的体系养育他，而是自己教自己的孩子。这也意味着基因的影响不容忽视。这三个孩子的成功可能得益于遗传，而不是后天因素。而且，毫无疑问，波尔加家族都清楚，他们有别于其他家族，是特殊的一家，肩负着特殊使命。因此，在先天与后天的争论中，波尔加姐妹的成功可能暗示了非常规教育可以发挥的作用，但这远不是决定性的。

尽管作为纯科学实验有些败笔，但波尔加夫妇的研究无疑是通向可能性的一扇窗。这三个女孩在国际象棋领域都取得了很了不得的成绩。虽然我们无法确定，但似乎她们本来也可能在其他领域取得同样的成功。尽管拉斯洛的方法很奇特，但女孩们似乎并没有受到影响，无论是在通识教育方面，还是在心理健康方面。她们自信、快乐，成长为成功的、情绪稳定的成年人，都拥有自己其乐融融的小家庭。有人问，这种奇特的教育方法是否剥夺了他的女儿们正常的童年，拉斯洛反驳说，普通的、平庸的教育才往往会导致不幸。采访者恩德雷·法卡斯（Endre Farkas）曾与波尔加合作过《培养天才》（*Raise a Genius!*）一书。他曾自问自答："她们受到的教育是否太狭隘了，剥夺了她们无忧无虑的童年？就波尔加一家而言，据我观察，可以清楚地看到，女孩们很快乐。"[11]

超级学习者可以培养吗

在为这本书做调查之前，我遇到的所有超级学习者都是雄心勃勃、积极主动的人。我确信，超级学习蕴藏着巨大的能量。然而，由于超级学习所要求的强度和投入，我不确定超级学习是否能为整个教育系统提供参考。孩子们已经在繁重的学习环境中挣扎，在我看来，增加学习强度只会增加他们的压力和焦虑。

心理学家发现，人们基于自己的兴趣、决定和目标而内在追求的目标，和由专横的父母、繁重的课程或苛刻的雇主所推动的外在追求的目标存在很大的差异。后一种类型的学习动机主要来自外部社会压力，是许多痛苦的根源。令人沮丧的是，在标准化考试压力过大的环境中，抑郁、焦虑甚至自杀的事故并不罕见。因为超级学习是一种自我驱动的追求，而不是外界强加的义务，所以超

> 心理学家发现，人们基于自己的兴趣、决定和目标而内在追求的目标，和由专横的父母、繁重的课程或苛刻的雇主所推动的外在追求的目标存在很大的差异。

级学习者不会有这样大的压力。然而，由于超级学习本身的性质，我不清楚它是否可培养。

波尔加姐妹的例子不同寻常，尽管她们从小就接受训练，学习非常刻苦，但她们的心理似乎并没有因为压力而受到伤害。与典型的"虎爸虎妈"不同，波尔加夫妇通过游戏和积极反馈来激励她们提升国际象棋专业化水平，不施加家长权威和惩罚。波尔加姐妹一直坚持得很好，成年后她们的棋技都很有竞争力。因此，对国际象棋的痴迷显然是培养出来的，而不是被强加的。与此同时，她们参与"天才养成"实验并非完全出于自愿。拉斯洛在不知道他的孩子们是否会同意这个计划之前就梦想着培养天才，因此，并不是每个女儿天然地都想要投入到高强度的国际象棋训练中去。波尔加实验的这一特点最让我感兴趣，因为拉斯洛和克拉拉似乎发现了人们普遍的看法——强迫别人拼命学习必然会导致痛苦——的一个漏洞。

如何培养一名超级学习者

拉斯洛·波尔加写了一本书，书名为《培养天才》，记录了他非常规的教育方法。[○]在书中，他概述了将任何正常健康的孩子培养成天才的策略，前提是父母愿意走这个"极端"，

○ 这本《培养天才》，最初的标题是"Neveli zsenit！"。感谢博主斯科特·亚历山大（Scott Alexander）和他的读者为我提供了英文译本。

他和他的妻子就致力于这项工作。

第一步是尽早开始。孩子的教育应该不迟于 3 岁，专业化应该不迟于 6 岁。尽管我们不清楚随着年龄增长，学习的难度到底有多大，但来自音乐和语言等领域的证据表明，儿童的大脑在年轻时更具有可塑性和灵活性。拉斯洛将这一想法发挥到了极致，与一般的幼儿教育相比，他鼓励早期儿童可以更早地接受培训。

第二步是专业化。尽管波尔加姐妹也学习语言、数学、体育和其他科目，但她们的重点一直是国际象棋。拉兹洛指出，"从 4～5 岁开始，他们每天下 5～6 个小时的棋"。[12] 在他培养天才的策略中，这种专业化似乎有两个作用。第一，它利用了小孩子所具有的灵活性，让他们能够轻松地学习新科目。第二，通过专攻一门学科，孩子们可以在更小的年龄就精通这门学科。在国际象棋中战胜年长、经验丰富的对手，使他们建立了自信心和竞争精神，使他们积极地想要更多地练习，提高自己的棋技。如果把这些女孩们的智力兴趣扩展得太广，她们可能就培养不出这种自信；相信自己一定能做得更好，从而加强棋技练习。

第三步是把练习变成游戏。国际象棋本来就是一种游戏，自然很适合玩。然而，拉斯洛坚持要把所有的科目以游戏的形式介绍给女孩们。如果女孩们分心或在玩时站起来四处走动东张西望，拉斯洛不会惩罚她们，而是鼓励她们发挥想象力，寻找解决方案。保持轻松有趣，特别是在孩子们还小的时候，是培养动力和自信的关键一步，动力和自信将是以后刻苦努力的支柱。但是，要记住拉斯洛坚持的"游戏不是学习的对立面""孩子不需要把游戏与学习分开，他们需要有意义的活动以及"学习比枯燥的游戏更能给他们带来乐趣"。[13] 波尔加的学习方法是将游戏和工作结合在一起，两者之间没有严格的界限。

第四步，拉斯洛小心翼翼地创造正强化，让下象棋成为身心愉快而不是令人沮丧的体验。"失败、痛苦和恐惧会降低成就。在一系列连续失败之后，甚至可能出现破坏性的抑制情结。[14]" 他解释道。从行为主义者开始，心理学家已经详细地了解到，拥有积极的体验，如赢得游戏，能够激发行动欲望，从而使人不断重复体验。消极体验，包括失败、困惑或面对更强大的对手而受挫，面对过于弱小的对手并剥夺玩家获得胜利的成就感等，都会降低玩家的热情。拉斯洛很早就认真地建立了积极反馈的循环。一开始，如果他比女孩们下得好，他就会调整自己的棋路，既让她们接受挑战，同时也能保证足够的时间去体会下象棋的乐趣。"我们不能总是胜过孩子，我们有时应该让她们赢，这样她们就会有自信，觉得自己也有能力思考。"[15] 他写道，又补充说，"刚开始时，最重要的是激发兴趣……应该让孩子喜欢他们所做的事情，达到一种近乎痴迷的程度。"

最后，拉斯洛完全反对强制学习。他认为，自律、激励和承诺必须来自孩子们自己。他解释说："有一点是肯定的，即通过强制手段，一个人永远不可能取得重大的教学成果，尤其是在高水平上。"[16] 他还觉得"自学是最重要的教育任务之一"。[17]

对女儿们来说，这最后一步尤其重要，因为她们的棋艺很快就超过了父亲。如果没有鼓励他们发展自己的自学能力和调整自己的学习，她们可能会成为不错的棋手，但肯定不会成为大师。

　　除了这些基本原则之外，拉斯洛和克拉拉还不遗余力地为女儿们的成长提供各种机会，他们建立了一个包含 20 多万场比赛的数据库，购买了他们能找到的所有国际象棋教科书，为女儿们招募国际象棋教师。女孩们从不缺乏学习和提高棋艺的机会。波尔加屋子的墙上挂着象棋位置的图表，他的家俨然成了专门用于练习象棋的殿堂。对拉斯洛和克拉拉来说，他们不仅需要全职抚养孩子，还需要通过收集资源、在家教育来培养女孩们的天赋。

超级学习原则实践

　　波尔加培养天才孩子的原则很有趣，我还发现一个有趣的现象：到目前为止，我所讨论的所有超级学习原则都出现在他们的学习方法中。

1. 元学习

　　波尔加先生全身心地投入到研究人们如何学习国际象棋，在什么样的教育条件下，他的三个女儿才能茁壮成长、出类拔萃。他创建了一个巨大的涵盖国际象棋位置、策略和棋路的列表库，在互联网普及之前，这可是一个不小的成就。他明确提出了一个计划：在女孩们还很小的时候，就训练她们下象棋，首先教她们在棋盘上说出方块的名字，然后让她们知道棋子是如何移动的。循序渐进，甚至在其他认知能力发育之前，女孩们就学会了下象棋。

2. 专注

拉斯洛认为"应对单调乏味的能力，以及保持兴趣和持续注意力的能力"是他打算给女儿们灌输的重要能力。女孩们分别在 15 岁、9 岁和 8 岁时两次参加了 24 小时的国际象棋马拉松比赛，这个比赛要求参赛者在一段时间内完成 100 场比赛。国际象棋比赛不仅意味着棋盘上闪耀的灯光，更是对棋手们的耐力和毅力的挑战。训练专注力是拉斯洛给女儿们的训练体系中的重要组成部分，他鼓励她们把注意力集中在问题上，不要分心。

3. 直接

拉斯洛在女儿们年仅 4 岁的时候就带她们去和男棋手下棋，向她们展示如何与真正具有挑战性的棋手对弈。姑娘们下了很多很多场国际象棋，这些棋局构成了她们能力的基础。她们不仅学会如何下好象棋，还能学会应对各种变量，如时间压力和与年长、更令人生畏的对手比赛时的不安心理。即使在一般棋赛中，他也使用国际象棋计时器，让姑娘们在更接近她们在国际锦标赛中所要面对的环境中训练。

4. 训练

拉斯洛用多种方法教女儿们下象棋，一开始先让她们记住方块的名字，然后让她们记住关键棋子的移动方式。挂在房子墙上的象棋谜题成了姑娘们的家庭作业，因为她们必须解开不同的棋局，并想出创造性的解决方案。闪电战和蒙眼比赛让女孩们能够更好地更快地思考，并在心理上模拟象棋游戏。

5. 检索

至于检索，拉斯洛解释说："我们不应该告诉她们所有的事情，我们应该试着让孩子说点什么！"他用所谓的"苏格拉底式教学法"教女儿们下棋，向她们提出一些问题，她们必须回答，而不是告诉她们要记住预先给定的解决方案。他的方法是正确的，这样可以鼓励她们扩展记忆、加深理解。蒙眼下棋，这是他教女儿们下棋的重要策略之一。通过不看棋盘下棋，培养她们追踪自己头脑中的棋子位置的能力，这不仅有利于她们长期记住重要国际象棋模式，而且还可以锻炼她们模拟对手可能的走法的能力。

6. 反馈

拉斯洛鼓励与真正的对手多下几盘棋，但他在选择"合适的搭档时非常谨慎，因为这些搭档要旗鼓相当"。"有趣的是，这里的反馈是精准控制的，不仅为女孩们提供足够的挑战（波尔加坚持让女孩们参加男子棋赛，就是一个例子），但也避免让她们面临太大的挑战，特别是姑娘们的棋艺崭露头角的时候。在早期，培养积极反馈是非常重要的，拉斯洛随时准备调整象棋流程，以确保它处于一个恰当的水平，能够刺激棋手们更进一步。

7. 记忆

拉斯洛注重让女孩们凭记忆回忆国际象棋模式，并加快下棋速度，让她们的棋路更自然，更不易忘记。要想赢，重要的是记住国际象棋模式，这需要间隔练习和专门训练，如闪电战和蒙眼下棋。

8. 直觉

模仿费曼的技巧，拉斯洛鼓励女儿们写关于国际象棋的文章，他解释说："写一篇文章，要比没有目标、独自思考或与别人交谈让人更深入地思考问题。"他还鼓励女孩们想出创造性地解决问题的方法。象棋不仅是一种游戏，还是非建构的、无目标的活动，从这个意义上来说，棋赛是教学策略的一部分。想出有趣的解决方案，让女孩们迎接挑战，想出新策略，提出新见解。这样，她们能够探索无法仅通过记住过去的结果来学习的新领域。

9. 试验

随着波尔加姐妹在棋艺上超越了父亲，她们继续掌握棋艺的动力越来越多地来自她们自身。每个女孩都必须锻炼自己独特的风格和方法。朱迪特选择专注于技巧和战术，她写道："开场准备在当时一点都不重要。这可能是为什么即使在今天，我最擅长仍然是中场的一个原因。"[18] 女孩们不同的选择表明，国际象棋就像任何创造性技能一样，不仅需要全局的掌握，还需要在诸多的可能范围内，选择适合自己的技艺和风格。

最后，波尔加姐妹最全面地体现了超级学习的理念，拉斯洛认为："在我看来，我们应该在每个领域传播强化学习的理念。"波尔加姐妹们的成功与我所见过的大多数超级学习者的学习模式不谋而合：在学习原则的指导下，积极、热情地自学。

在家里、学校和工作场所培养超级学习能力

作为家长、教育者或机构的一员，如何培养超级学习能力？有可能帮助他人自信地应对他们自己设计的困难学习项目吗？你不仅仅教学生需要学习的材料，还教他们如何自学，这样他们就能在课堂之外自给自足了吗？你能带领机构中的员工更积极地学习，填补他们能力上的空白，充分发挥他们的潜力吗？对于这些有趣的问题，我们还没有明确的答案。

在阅读关于学习的科学文献，探究超级学习者的学习历程时，令我震惊的不仅仅是人们对学习的了解有多深，我也被许多悬而未决的问题所震惊，研究人员和自学者仍在冒险进行假设。一旦你引入社会环境，复杂性就会成倍地增加。现在，这不再是一个简单的个人认知的问题，而是情感、文化和关系的

问题，这些因素让学习更加复杂、更加出乎意料。因此，从这个角度来看，我想谨慎地提出一些建议，以培养一个支持超级学习的环境。以此为出发点，无论是在家里、在学校或在工作场所，你都能进行超级学习。这些建议并不是规则，但它们可以被看作起点，让其他人能充分领悟超级学习精神的起点。

建议 1：制定一个鼓舞人心的目标

最好让学习者自己设计学习目标来自我激励。激励是超级学习过程中必不可少的起点。一定要有一些让人欲罢不能的东西，能让一个人唤起学习所需的能量和自律。有时，这是一丝希望，期待一项新技能给自己带来职业机会。随着高收入的编程工作兴起，编程训练营迅速涌现，迫使学生们以残酷的速度学习，有时一周接近 80 个小时。掌握这项技能后带来的回报让人无法抗拒，这就足以证明这项投资是合理的：在几周内完成一项严格的学习计划，你就可以在硅谷和其他地方登上高薪技术工作的阶梯。过程是曲折而紧张的，但动机是强烈的。

在其他情况下，超级学习的动机来自越来越浓厚的兴趣。我自己在 MIT 的挑战项目始于我觉得自己在学校没有学习计算机科学而错过了很多机会。通常情况下，人们不会大规模、有组织地去努力学习计算机科学。只有当我想要在更短的期限内通过课程学习获得完整的学位，还有一些研究让我觉得这是可能的时，我最初的兴趣萌动才演变成满怀激情的投入。罗杰·克雷格在《危险边缘》智力竞赛节目中功成名就，但你要知道他对千奇百怪的冷知识竞赛不过略感兴趣而已。直到他意识到，他可能有机会参加这个著名的电视节目并获奖，他才由最初的感兴趣变成了为之痴迷。埃里克·巴隆童年时热爱电子游戏，以至于后来他想创建一个他喜欢的游戏的更好的版本。发掘人们天然的超级学习兴趣意味着激发本就存在的火花，而不是仅仅把你认为最有益的学习主题强加给他们。一旦人们看清楚了超级学习项目的结构，他们就会开始思考，什么是最有趣、最令人兴奋的，并且对他们来说最有用的，然后来强化学习。特里斯坦·德·蒙特贝洛一开始就有超级学习的想法，后来才围绕这个想法构思了公共演讲的超级学习项目。

建议 2：谨慎竞争

波尔加的例子清楚地表明，早期的自信可以激发学习热情，从而使人持续不断地学习。你不需要觉得自己好像很擅长，才把精力投入到学习中去。毕竟，学习的目的就是让自己变得擅长。然而，你需要感觉到你可以学得很好。人们总是把自己感觉到的不足变成不可改变的命运："我数学不行。""我除了简笔画什么都不会画。""我没有语言细胞。"虽然可能确实存在先天差异，这些声明也不是完全错误的，但他们往往忽略了一个重要因素：动力。当你觉得自己缺乏做好某件事的潜力，或者认为无论多么努力都落后于别人时，你就失去了努力学习的动力。因此，尽管我们每个人的能力都存在差异，但我们对学习的感觉所产生的

> 当你觉得自己缺乏做好某件事的潜力，或者认为无论多么努力都落后于别人时，你就失去了努力学习的动力。

情感因素往往会加剧这种差异。如果你觉得自己在某件事上很差劲，你就会失去改变的动力。

　　和你进行比较的参照群体会对你产生巨大的影响。我觉得很有趣的是，许多（但不是所有）超级学习者瞄准的项目如此不同寻常，很难将其与正常的参照群体进行比较。蒙特贝洛的演讲比赛，无疑是在与优秀的演讲家竞争。这可能会让他有一种自卑感，除非德·蒙特贝洛总能自我安慰，所有不足都是他尝试如此具有挑战的项目但又缺乏经验造成的。如果他是与十几个有着相同经验的对手竞争，而不是个人的超级学习项目，他可能会把不足之处都归为自己不够好。这表明，项目的竞争力是双向的：当你有天赋，因而比容易识别的参照群体表现得更好时，你会有更大的动力去努力训练、学习。然而，如果你处处露怯，突显短板，你可能会连练习的动力都没有。波尔加夫妇正是利用良性竞争占据了优势。因为女孩们的象棋训练开始得异常早，所以她们总是被视为神童，年纪轻轻表现不凡，竞争环境增强了她们的动力。如果他们起步晚，或者被送进一所普通学校，不能保证她们一定会成为棋坛新星，她们可能就不会那么有动力了。

　　对我来说，这种来自与参照群体进行隐性比较的激励效应，意味着我们应该采取双重方法。如果你想激发超级学习精神的那个人本来就有天赋，那么竞争是有益的。在与别人的直接比较中，看到他自己做得很好，会激发他进一步提升的决心。但是对于能力一般或者落后于别人的人来说，比如在他没有任何经验的领域学习，或者学习新技能起步较晚，你应该尽力使这个项目独树一帜。这将鼓励这名学习者通过与过去的自己比较来衡量自己的进步，而不是通过与他人的竞争。有的学习项目刚一开始就表现很独特，避开了众目睽睽之下与他人比较的不利影响，可是一旦学习者树立了信心，他就会进入一个更具竞争力的环境。例如，你可以通过制作一款难以与他人相比的游戏开始学习编程，当你开始觉得自己更有能力时，你可以参加编程竞赛。

建议 3：学习优先

出了校门，学习通常被视为工作的副产品，而不是核心目标。虽然单位或者机构经常口头上表示支持继续培训和教育，但通常是以研讨会的形式，你只需要被动地坐在那儿，结束后继续投入当前工作。通过鼓励直接、密集的练习，超级学习为一种融合项目提供了机会——它既能实现真正的目标，又能教你新的东西。

分配项目的常规做法是找到最适合这项工作的人，然后把任务交给他们。相反，学习驱动法建议将项目分配给尚不能完成该任务的人。超级学习驱动型的工作环境是这样的：员工把大部分时间花在他们能力范围内或接近他们能力水平的项目上，而只把一小部分时间花在超越他们现有能力的项目上。尽管这纯粹是假设，但我认为这种方法有两个好处。首先，这能在机构或者单位中创造一种学习文化。在这种文化中，人们总是乐意尝试解决他们还不知道如何解决的问题，而不是期待别人给出已知答案。其次，给人们提供他们能够应对的挑战，有助于发现人才。如果管理者只是一时兴起分配导师机会和困难项目,他们可能会错过许多人才,这些人有能力力挽狂澜,但从未得到机会。

在最高层次上,超级学习驱动型文化还允许学习者学习特殊技能,此前很少有人接触这一特定领域。虽然保持既定的技能水平很重要,但只有当一个人学会别人做不到的事情时,学习才会变得真正有价值。

结论

纵观多方面,写这本书就是一项超级学习工程。在我家里的书房里,堆放着成堆的活页夹,里面装满了成千上万页期刊文章。我的书架上现在有几十本印刷稍显模糊但绝版的专著,都是关于人们如何学习的。与不同研究者的通话让我发现即使是简单的问题,答案也多少有细微差别,如"反馈有用吗"和"人们为什么会健忘"等。我读了无数著名知识分子、企业家和科学家的传记,试图理解他们是如何学习的。从很多方面来说,写这本书的过程反映了本书的主题——"写一本关于超级学习的书"的"超级学习项目"。虽然我对学习这门学科本身兴趣浓厚,在我开始为这本书做研究之前,我已经浏览了大量教科书、文章和传记,但在我开始这个系统化化项目之后,我才真正开始深入研究。

除研究外,这本书对我这个"作家"来说也是一个挑战。

我的写作经验来自写博客，而不是写书。找到正确的写作基调是很难的，这与博客中随意的日常信函截然不同。从一开始我就明白，在这本书中我要讲述别人的学习趣事和他们的学习成就，而不仅仅是叙述我自己的经历。这一开始是非常具有挑战性的。大多数名人传记以及名人轶事都不会强调学习方法。即使学习是人物故事的中心主题，大多数传记作家也只是满足于敬畏天才，而不会去深入探究这个人做成某件事的具体细节。我的研究工作经常包括从一本500页的传记中搜寻几段关于学习方法的具体细节。虽然这于我是挑战，但也促使我拓展新的写作技能。我必须提高我的研究方法和写作技巧，我写博客十多年来从未这么做过。甚至这本书的写作风格，对我来说也是一个挑战。我将留给你们，我的读者们，来判断我是否成功。

写一本关于超级学习的书的超级学习项目，这个元计划也阐明了一些重要的理念。首先，尽管我在写作能力、认知科学方面取得了巨大的进步，但我还有很多东西需要学习。举例来说，深入研究科学，面对堆积如山的论文、理论、观点和实验，你会很快产生一种眩晕感，而这些都与学习这个主题没有直接联系。同样，我每读一本传记，就有数百页读不下去。我每读到一个超级学习故事，就会发现当中涉及许多我已搜集的资料无法解释和覆盖的领域。如果认为学习是要用理解来代替无知，那这是一个极其严重的错误。因为知道得越多，就越明白自己的无知，就像对一个问题理解得越多，对所有未解问题的理解也会越深刻一样。

面对这种情况，必须既拥有自信，同时心怀深深的谦卑。如果不相信自己的知识和技能有可能取得进步，就无法进行学习项目从而获得知识和技能。这种自信可能会被外人误认为是自大，因为它似乎表明，快速而高强度地努力学习某学科知识或技能，在某种程度上意味着这个学科是微不足道的，或者说你学了点皮毛，就认为已经掌握了所有。这种自信必须伴随着深深的谦卑。在我进行的每一个学习项目中，包括这个项目，我在完成它时的想法不是想我已经完成了，而是突然意识到我还可以走很远。在我开始参加 MIT 挑战项目之前，

> 每完成一个项目，伴随我的不是完成学习的感觉，相反，我感觉自己创造了另一种可能性，因为我的视野打开了，看到了所有有待学习的地方。

我曾以为，掌握涵盖计算机科学理念的本科学位的课程已经足够了。但当我完成之后，我可以看到我所学到的每一个课题是如何被放大，变成一个博士学位的研究项目，或者花一生的时间编写代码才能完全理解。我学习语言的经验让我意识到还有多少词汇、表达方式、文化的细微差别和难以沟通的情况有待探索。因此，每完成一个项目，伴随我的不是完成学习的感觉，相反，我感觉自己创造了另一种可能性，因为我的视野打开了，看到了所有有待学习的地方。

我发现学习的这个方面最有趣。生活中的许多追求都有一个饱和点，过了这个饱和点，你的追求和渴望也会减弱。一个饥饿的人只能吃这么多食物。一个孤独的人只能有那么多的陪伴。学习的好奇心和求知欲却与之不同。一个人学得越多，就

越想学得更多。一个人做得越好，就越能意识到自己可以做得更好。如果你读完了这本书，受到鼓舞，去尝试你自己的超级学习项目，这将是我最大的希望——我不仅仅期待你的学习项目会成功，更希望学习项目的完成之时是你另一个全新的开始。只要在世界上所有可能可知的事物中打开一条小缝，你就可以透过它窥探更大的世界，在那里有比你想象的更为远大的东西。

致　　谢

  如果没有大家提供的帮助、建议和付出，这本书就不可能出版。首先，我要感谢加尔文·纽波特（Calvin Newport）。如果不是他早期对我的鼓励，我可能永远不会写一本关于这个主题的书。我还要感谢本尼·刘易斯，他早年的激励和多年来数不清的建议对我的学习和写作产生了很大的影响。我的经纪人劳里·阿克米耶（Laurie Abkemeier）对我帮助很大，他把我一些粗略的想法写进提案，推动我写出值得出版的东西。感谢斯蒂芬妮·希区柯克（Stephaine Hitchcock）编辑这本书，并给我提供了极好的反馈和建议。我还要感谢我的朋友和家人，他们仔细阅读了提案和原稿的初稿，使我的想法得以成形。我要特别感谢佐里卡·托莫夫斯卡（Zorica Tomovska）、瓦兹欧·贾斯瓦尔（Vatsal Jaiswal）、特里斯坦·德·蒙特贝洛、詹姆斯·克利尔、乔什·考夫曼（Josh Kaufmann）、卡利达·阿扎德（Kalid Azad）和芭芭拉·奥克利（Barbara Oakley）的早期反馈。

我想感谢我在写这本书时遇到和采访过的那些了不起的人。感谢罗杰·克雷格、埃里克·巴隆、维夏尔·麦尼、戴安娜·詹塞卡雷、科尔比·杜兰特和瓦兹欧·贾斯瓦尔，感谢他们的友善，他们花了大量时间讲述他们令人惊叹的学习细节。我要感谢许多研究人员，他们引导我了解他们的发现，并帮助我更好地理解学习的科学。我要特别感谢 K. 安德斯·艾利克森的耐心，他帮助我梳理了许多重要观点。

此外，我还要感谢罗伯特·普尔（Robert Pool）、杰弗里·卡皮克、安吉洛·德尼西、阿夫拉罕·克鲁格、杰奎琳·托马斯（Jacqueline Thomas）和迈克尔·赫尔佐格（Michael Herzog）帮助我理解本书中讨论的科学理论间的细微差别。我想感谢所有参与我的超级学习教学实验的人：特里斯坦·德·蒙特贝洛、杰夫·罗素（Jeff Russell）、戴安娜·芬森菲尔德、凯特·舒特（Kate Schutt）、利萨·谢伦（Lissa Sherron）、约书亚·桑德曼（Joshua Sandeman）、科尔斯·维姆拉帕里（Keerthi Vemulapalli）、布列塔尼·许（Brittany Hsu）、尚卡尔·萨蒂什（Shankar Satish）、阿诗玛·潘嘉妮（Ashima Panjwani）、阿什法克·阿萨姆（Ashfaq Alsam）和阿妮塔·J（Ankita J.）。

最后，我要感谢我的父母道格拉斯和玛丽安·扬（Douglas and Marian Young），他们都是老师，他们教导我：学习本身就是一种回报。

附录　关于我的超级学习
项目的进一步说明

MIT 课程挑战

目标：学习 MIT 计算机科学专业大学本科课程的教材，使用他们免费提供的材料和使用过的教科书。

方法：目标是通过所有的期末考试（除非提供其他信息，成绩超过 50%）并完成编程项目。

时间：2011 年 10 月至 2012 年 9 月。

注解和讨论

值得注意的是，我最终学完的并不是 MIT 学位所有课程的翻版。尽管我尽可能地对整个课程设置和评估强度进行基准测试，但还是有一些无法避免的偏差，我与 MIT 的在校学生通过同样的材料所取得的进步是不同的。

课程设置有一些变化。MIT 的开放课程（OCW）不提供人文学科，所以我换了经济学课程。对于那些我无法接触到设备的重实验课程，我换成了于我而言比较方便的理论课程。按照要求，MIT 的学生必须完成一个论文设计。在我 12 个月的学习期间，我没有这样做，但出于乐趣，我确实在项目结束后不久开发了一个计算机程序，用户可以用它与电脑玩拼词游戏。在评估编程项目时，如果它们能够运行并执行我所需的功能，或者能够完成附带的测试套件，我就认为这个程序是成功的。

对于期末考试，我默认的基准是至少要达到 50 分。只要有可能，我就会坚持遵照官方的评分标准。当有差异时（比如在多步的问题上，如何扣除算术或代数错误的分数），我就用自己的判断。后一种情况的评分有可能存在偏差，所以我决定在完成挑战项目几年后重新评估我所有的考试，使用最严格的评分方案（在多部分组成考题上，有任何错误，整题得分为 0；将任何错误的结果应用到后面的问题，整体得分为 0）。结果是，在我记录的 33 门"及格"课程中，在这种更严格的评估模式下，有 6 门会被算作"不及格"。我不认为这个评估是正确的，所以我坚持最初评价——全部通过，但有必要指出我当初的主观决定产生了多大的影响。有几门课没有期末考试，所以这些情况下的默认评估为平时作业完成情况或期中考试成绩。完成作业并不是完成一门课的必要条件，但是我最终还是做了很多作业，以此作为学习过程的一部分。

有关此次挑战项目的更多信息，如课程列表、使用的材料和我的考试扫描，你可以访问 MIT 挑战项目主页：www.scotthyoung.com/blog/mit-challenge/。

不说英语的一年

目标：学习西班牙语、葡萄牙语、汉语普通话和韩语。

方法：一整年避免说英语，去西班牙、巴西、中国和韩国旅行（在每个国家停留大约三个月）。我和瓦兹欧·贾斯瓦尔（第 6 章中也提到他）一起进行了这个项目。

时间：2013 年 9 月至 2014 年 8 月。

注解和讨论

量化每种语言的熟练程度是一项棘手的任务。这有双重风险，一方面是夸大——自我暗示已经达到了完美的水平，而这可能需要几十年的浸入式学习；另一方面是淡化。旅行结束后，和我交谈的人问我是否可以 "给出租车司机指路"，这项任务只需要几个小时的练习，并不需要几个月。我从这些语言学习的难点出发，尝试着评估我们所达到的水平。

西班牙语：我认为我和我的朋友在三个月后都大致达到了B2 水平，达到了本尼·刘易斯的流利程度标准（尽管肯定不是每个人的标准）。在这个水平上，我们可以毫不费力地用西班牙语进行几个小时的社交活动，尽管我们的口音、语法和更正式的口语表达能力都不及以西班牙为母语的人。

葡萄牙语：与西班牙语相比，我们的葡萄牙语水平略弱一些。两种语言同属印欧语系罗曼语族，在语言学上是近亲，所以我们要学习的内容比西班牙语要少得多。我们可以交朋友和社交，但不那么轻松自如。

汉语普通话：这标志着我们第一次在语言能力上有很大的差距。我真的很想学习中文，在我们旅行之前，我就花时间制作了词语记忆卡，以便熟悉词汇。我朋友没那么感兴趣，学习得更加辛苦。最后，我参加并通过了 HSK 四级考试（衡量汉语水平的六级系列考试中的第四级），我想说我的普通话还算不错，不过在高级话题上比较有限，高级话题的中文词汇和英语完全不同。我的朋友已经达到了中低水平，能够流利地表达，使用声调，但词汇量较少。

韩语：对于这种语言，我们都达到了中低水平，能够在日常生活中进行对话和应付，但话题范围比较有限。部分原因是韩语的难度，但更大的原因只是因为这是连续学习的第四门新语言，我们已经感到精疲力竭，穷于应付了。

虽然我们的目标是在到达每个国家后再进行大部分的学习，但我们确实在到达之前就做了一些准备，主要是听皮姆斯勒的录音带，用单词记忆卡熟悉词汇。总的来说，我们在抵达之前在每门语言上大约花了 25～50 个小时，但是我在抵达中国之前在汉语普通话上花了更多的时间（大约 100 个小时）。

有兴趣的读者可以看看关于我们的项目的更多信息（包括汇总的视频，视频展示了我们在每一个国家所取得的进步），了解我们过去学到了什么以及能显示我们每种语言达到的水平的无讲稿采访，你可以访问项目主页：www.scotthyoung.com/blog/the-year-without-english/。

肖像画挑战

目标：提高自己人像写实绘画能力

方法：快速反馈，从各种书籍和课程中学习技巧

时间：2016 年 7 月

注解和讨论

这是一个较短的项目，花了一个月的时间总计 100 个小时的训练。除了快速画素描的策略，并将素面图叠加在半透明的参考照片上进行比较，从《用右脑绘画》一书以及维特鲁威工作室的肖像绘画课中，我都受益匪浅。

我在项目主页上传了我所画的每一幅画、素描和自画像，并详细讨论了我过去所学到的东西：www.scotthyoung.com/blog/myprojects/ portrait-challenge /。

更多挑战

在我写这本书的时候，以上三个挑战是我公开的主要的超级学习项目。然而，我一直在学习新东西，所以当我做更多的公开的学习挑战时，我会公布到这个网站：

www.scotthyoung.com/blog/my-projects/。

注　释

第 1 章　不去 MIT，也能接受 MIT 的教育

1　The Goethe-Institut, which administers: "Further Information," Goethe-Institut, https://www.goethe.de/en/spr/kup/prf/prf/gc2/inf.html.

2　"My first thought wasn't 'Wow'": Thanh Huynh, *Roger Craig—Knowledge Tracking*, filmed August 2011, YouTube video, 14:20, posted November 2011, https://www.youtube.com/watch?v=jmld3pcKYYA&t=1s.

3　"Everybody that wants to succeed at a game": "How One Man Played 'Moneyball' with 'Jeopardy!,'" National Public Radio, https://www.npr.org/2011/11/20/142569472/how-one-man-played-moneyball-with-jeopardy.

4　Spaced-repetition software is: Gary Wolf, "Want to Remember Everything You'll Ever Learn? Surrender to This Algorithm," *Wired*, April 20, 2008, https://www.wired.com/2008/04/ff-wozniak/?currentPage=all.

5　"You can simulate the game": Huynh, *Roger Craig—Knowledge Tracking*.

6　"incredibly endearing and beautiful": Patrick Hancock, "Review: Stardew Valley," Destructoid, March 7, 2016, https://www.destructoid.com/review-stardew-valley-345495.phtml.

7　"This is the type of person": "College Too Expensive? This Guy Just Finished a Four Year Computer Science Program in ONE Year Using Free MIT Material" (video), Reddit, https://www.reddit.com/r/videos/comments/10tk9j/college_too_expensive_this_guy_just_finished_a/.

8　Done without the benefit: Steve Pavlina, "Graduating College in 3 Semesters," December 4, 2005, https://www.stevepavlina.com/blog/2005/12/graduating-college-in-3-semesters/.

9　Diana Jaunzeikare embarked on: Diana Jaunzeikare, "Personal PhD." https://diana.is/personal-phd.

10　"70–80+ hours each week": Tamu, "Independent Chinese Study: Review,"

Chinese-forums.com, https://www.chinese-forums.com/forums/topic/43939 -independent-chinese-study-review/.

11 Trent Fowler, starting in early 2016: Trent Fowler, *The STEMpunk Project* (Self-published, 2017).

第 2 章　为什么超级学习很重要

1 "Average is over": Tyler Cowen, *Average Is Over: Powering America Beyond the Age of the Great Stagnation* (New York: Penguin, 2013).

2 The MIT economist David Autor: David H. Autor, Lawrence F. Katz, and Melissa S. Kearney, "The Polarization of the U.S. Labor Market," *American Economic Review* 96, no. 2 (May 2006): 189–94.

3 Tuition has increased far faster: Danielle Douglas-Gabriel, "College Costs Rising Faster than Financial Aid, Report Says," *Washington Post*, October 26, 2016, https://www.washingtonpost.com/news/grade-point/wp/2016 /10/26/college-costs-rising-faster-than-financial-aid-report-says/?utm_term =.72c95b4c86cb.

4 "a leading English-language novelist": Gareth Cook, "The Singular Mind of Terry Tao," *New York Times*, July 24, 2015, https://www.nytimes.com /2015/07/26/magazine/the-singular-mind-of-terry-tao.html.

第 4 章　原则 1　元学习：首先绘制导图

1 "Kuti paoka djalou": Linguistic Society of America, "'Monolingual Fieldwork Demonstration'—Daniel Everett," filmed July 2013, YouTube video, 1:16:27, posted September 2013, https://www.youtube.com/watch?v=sYp Wp7g7XWU.

2 What makes this feat particularly impressive: To avoid ruining the demonstration by using English, a language the other speaker might have been familiar with, Everett chose to phrase all his initial queries in the Pirahã language, spoken only by a remote people in the Amazon jungle of Brazil.

3 Over the last thirty years: The unusualness of this language has led to somewhat of a controversy in linguistics, with Dan Everett's claims about Pirahã's grammar at center stage in an attack on linguistic orthodoxy.

4 To see why metalearning is so: Jacqueline Thomas, "The Role Played by Metalinguistic Awareness in Second and Third Language Learning," *Journal of Multilingual and Multicultural Development* 9, no. 3 (1988): 235–46, https://www.tandfonline.com/doi/abs/10.1080/01434632.1988.9994334.

5 Determine if learning: Don't take this to mean that I think grad school is useless. The important thing to decide is whether it will really matter to you, depending on the job you want, the subject of your study, and the institution. My point isn't that grad school is a waste of time but rather that when making a decision involving so much time and cost, you'd better do the research first!

6 For example, one common recommendation: Victor Mair, "How to Learn

Chinese and Japanese," Language Log, February 17, 2014, http://language log.ldc.upenn.edu/nll/?p=10554.

7　The literature on self-directed learning: George E. Spear and Donald W. Mocker, "The Organizing Circumstance: Environmental Determinants in Self-Directed Learning," *Adult Education Quarterly* 35, no. 1 (March 1, 1984): 1–10, https://journals.sagepub.com/doi/abs/10.1177/0001848184035 001001?journalCode=aeqb.

8　That led me to do: "Portrait Drawing—The Complete Online Course," Vit-ruvian Studio, https://vitruvianstudio.com/course/portrait-drawing/.

第 5 章　原则 2　专注：磨刀不误砍柴功

1　Somerville explained, "she would have been contented": Mary Somerville, *Personal Recollections, from Early Life to Old Age, of Mary Somerville: With Selections from Her Correspondence* (London: Roberts Brothers, 1874), 23.

2　Hence, skilled performers: K. Anders Ericsson, *The Road to Excellence: The Acquisition of Expert Performance in the Arts and Sciences, Sports, and Games* (New York: Psychology Press, 2014), 25.

3　Similarly, the phenomenon: John Dunlosky, Katherine A. Rawson, Elizabeth J. Marsh, et al., "Improving Students' Learning with Effective Learning Techniques," *Psychological Science in the Public Interest* 14, no. 1 (January 8, 2013): 4–58, https://journals.sagepub.com/doi/abs/10.1177152910061245326.

4　"learn to let it arise": Susan L. Smalley and Diana Winston, *Fully Present: The Science, Art, and Practice of Mindfulness* (Philadelphia: Da Capo Lifelong Books, 2010), 59.

5　High arousal creates: A. E. Bursill, "The Restriction of Peripheral Vision During Exposure to Hot and Humid Conditions," *Quarterly Journal of Experimental Psychology* 10, no. 3 (August 1, 1958): 113–29.

6　Too much arousal, however: This inverse-U shape of arousal versus performance is known in psychology as the Yerkes-Dodson law.

7　More complex tasks: Daniel Kahneman, *Attention and Effort* (Englewood Cliffs, NJ: Prentice-Hall), 1973.

8　When doing a particularly creative task: Kalina Christoff, Zachary C. Irving, Kieran C. R. Fox, et al., "Mind-Wandering as Spontaneous Thought: A Dynamic Framework," *Nature Reviews Neuroscience* 17, no. 11 (2016): 718–31, https://www.nature.com/articles/nrn.2016.113.

9　In one experiment, sleep-deprived: Robert T. Wilkinson, "Interaction of Noise with Knowledge of Results and Sleep Deprivation," *Journal of Experimental Psychology* 66, no. 4 (November 1963): 332–37, https://psycnet.apa.org/record/1964–03490–001.

第 6 章　原则 3　直接：勇往直前

1　Jaiswal leaves the offices: This is, in fact, the same Vatsal Jaiswal who joined me on my yearlong language learning project in chapter 1. These events took place a few years prior to that.

2　"Despite the importance": Robert Haskell, *Transfer of Learning* (Cambridge, MA: Academic Press, 2000), xiii.

3　In another study, college graduates were asked: James F. Voss, Jeffrey Blais, Mary L. Means, Terry R. Greene, and Ellen Ahwesh, "Informal Reasoning and Subject Matter Knowledge in the Solving of Economics Problems by Naive and Novice Individuals," *Cognition and Instruction* 3, no. 3 (1986): 269–302.

4　"in almost all the empirical work to date": Michelene T. H. Chi and Miriam Bassok, "Learning from Examples via Self-explanations," *Knowing, Learning, and Instruction: Essays in Honor of Robert Glaser* (1989): 251–82.

5　"students who receive honors grades": Howard Gardner, *The Unschooled Mind: How Children Think and How Schools Should Teach*, Basic Books (AZ), 2011.

6　"Researchers who rigorously evaluate training": John H. Zenger, "Great Ideas Revisited. The Painful Turnabout in Training. A Retrospective," *Training and Development* 50, no. 1 (1996): 48–51.

7　"Transfer is paradoxical": Wilbert J. McKeachie, "Cognitive Skills and Their Transfer: Discussion," *International Journal of Educational Research* 11, no. 6 (1987): 707–12.

8　Better graphics and sounds: Robert W. Proctor, and Addie Dutta, *Skill Acquisition and Human Performance* (Thousand Oaks, CA: Sage Publications, 1995).

第 7 章　原则 4　训练：攻克薄弱环节

1　However, it was in the latter half: Benjamin Franklin, *The Autobiography of Benjamin Franklin* (New Haven, CT: Yale University Press, 2003).

2　world-changing consequences: Walter Isaacson, *Benjamin Franklin: An American Life* (New York: Simon and Schuster, 2003).

3　"written equally well": Ibid.

第 8 章　原则 5　检索：以测促学

1　What's more, he claimed: Robert Kanigel, *The Man Who Knew Infinity: A Life of the Genius Ramanujan* (New York: Simon and Schuster, 2016).

2　This is essentially the question: Jeffrey D. Karpicke, and Janell R. Blunt, "Retrieval Practice Produces More Learning than Elaborative Studying with Concept Mapping," *Science* 331, no. 6018 (February 11, 2011): 772–75, http://science.sciencemag.org/content/331/6818/772.

3　Minutes after studying something: Henry L. Roediger III and Jeffrey D. Karpicke, "The Power of Testing Memory: Basic Research and Implications for Educational Practice," *Perspectives on Psychological Science* 1, no. 3 (September 1, 2006): 181–210, https://journals.sagepub.com/doi/abs/10.1111/j.1745–6916.2006.00012.x?journalCode=ppsa.

4 Inevitably, students who were performing: Jeffrey D. Karpicke, "Metacognitive Control and Strategy Selection: Deciding to Practice Retrieval During Learning," *Journal of Experimental Psychology: General* 138, no. 4 (2009): 469–86, http://memory.psych.purdue.edu/downloads/2009_Karpicke_JEPGeneral.pdf.

5 One answer comes: Robert A. Bjork, "Memory and Metamemory Considerations in the Training of Human Beings," in *Metacognition: Knowing About Knowing*, ed. J. Metcalfe and A. Shimamura (Cambridge, MA: MIT Press, 1994): 185–205.

6 Delaying the first test: Jeffrey D. Karpicke and Henry L. Roediger III, "Expanding Retrieval Practice Promotes Short-Term Retention, but Equally Spaced Retrieval Enhances Long-Term Retention," *Journal of Experimental Psychology: Learning, Memory, and Cognition* 33, no. 4 (July 2007): 704–19, http://memory.psych.purdue.edu/downloads/2007_Karpicke_Roediger_JEPLMC.pdf.

7 However, if you delay the test: Herbert F. Spitzer, "Studies in Retention," *Journal of Educational Psychology* 30, no. 9 (December 1939): 641–56, https://www.gwern.net/docs/spacedrepetition/1939-spitzer.pdf.

8 An interesting observation: Chunliang Yang, "Enhancing Learning and Retrieval: The Forward Testing Effect," PhD diss., University College London, 2018.

第 9 章　原则 6　反馈：不要回避负面评价

1 "It's not going to be": Kelefa Sanneh, "Chris Rock, the Duke of Doubt," *New Yorker*, November 10, 2014, https://www.newyorker.com/magazine/2014/11/10/duke-doubt.

2 Many medical practitioners get worse: Anders Ericsson and Robert Pool, *Peak: Secrets from the New Science of Expertise*, (New York: Houghton Mifflin Harcourt, 2016).

3 In a large meta-analysis, Avraham Kluger: Avraham N. Kluger, and Angelo DeNisi, "The Effects of Feedback Interventions on Performance: A Historical Review, a Meta-analysis, and a Preliminary Feedback Intervention Theory," *Psychological Bulletin* 119, no. 2 (1996): 254–84, https://psycnet.apa.org/record/1996-02773-003.

4 In one study, feedback: Michael H. Herzog and Manfred Fahle, "The Role of Feedback in Learning a Vernier Discrimination Task," *Vision Research* 37, no. 15 (August 1997): 2133–41, https://ac.els-cdn.com/S0042698997000436/1-s2.0-S0042698997000436-main.pdf?_tid=9e63a472-9df4-43fa-a165-7ff3daa4ddd2&acdnat=1551035784_e6ebf10b08703a5479c3abbf649b5320.

5 "The best feedback is *informative*": Maria Araceli Ruiz-Primo and Susan M.

Brookhart, *Using Feedback to Improve Learning* (New York: Routledge, 2017), 128.

6　James A. Kulik and Chen-Lin C. Kulik review the literature: James A. Kulik and Chen-Lin C. Kulik, "Timing of Feedback and Verbal Learning," *Review of Educational Research* 58, no. 1 (1988): 79–97.

7　Expertise researcher: K. Anders Ericsson, Ralf T. Krampe, and Clemens Tesch-Römer, "The Role of Deliberate Practice in the Acquisition of Expert Performance," *Psychological Review* 100, no. 3 (1993): 363–406, https://psycnet.apa.org/record/1993-40718-001.

8　In those studies, however: Wendy Jaehnig and Matthew L. Miller, "Feedback Types in Programmed Instruction: A Systematic Review," *Psychological Record* 57, no. 2 (2007): 219–32.

第 10 章　原则 7　记忆：别往漏水的桶里加水

1　French, with its gendered nouns: Corazon Miller, "How Kiwi Nigel Richards Won French Scrabble Championship," *New Zealand Herald*, July 22, 2015, https://www.nzherald.co.nz/lifestyle/news/article.cfm?c_id=6&objectid=11485116.

2　"Nigel, since you're no good at words": Zeba Sultan, "Nigel Richards—An Enigma," The paladin speaks . . . http://vivaciouspaladin.blogspot.com/2013/05/nigel-richardsan-enigma.html.

3　"When I see you, I can never tell": Stefan Fatsis, "Nigel Richards Article," Scrabble Study Log, http://scrabblestudylog.blogspot.com/2009/08/nigel-richards-article-by-stefan-fatsis.html.

4　He politely declined: Tim Hume, "A Way with Words," *Sunday Star-Times*, June 6, 2010, http://www.stuff.co.nz/sunday-star-times/features/3778594/A-way-with-words.

5　"The cycling helps": Fatsis, "Nigel Richards Article."

6　"It's hard work": Daniel Stembridge, "Meeting Nigel Richards," Mindsports Academy, https://www.mindsportsacademy.com/Content/Details/2133?title=meeting-nigel-richards.

7　"I'm not sure there is a secret": OgilvyBroadcast, "World Scrabble Championships 2011," filmed October 2011, YouTube video, 1:51, posted October 2011, https://www.youtube.com/watch?v=EZE_olsi-pM&t=1m46s.

8　"Physicians with more experience": Niteesh K. Choudhry, Robert H. Fletcher, and Stephen B. Soumerai, "Systematic Review: The Relationship Between Clinical Experience and Quality of Health Care," *Annals of Internal Medicine* 142, no. 4 (2005): 260–73, https://annals.org/aim/fullarticle/718215/systematic-review-relationship-between-clinical-experience-quality-health-care.

9　This seems especially likely: Joyce W. Lacy and Craig E. L. Stark, "The Neuroscience of Memory: Implications for the Courtroom." *Nature Reviews Neuroscience* 14, no. 9 (September 2013): 649–58, https://www.ncbi.nlm.nih

.gov/pmc/articles/PMC4183265/.

10 The authors of a popular study guide: Peter Wei and Alex Chamessian, *Learning Medicine: An Evidence-Based Guide* (Self-published, 2015).

11 procedural skills, such as: Jong W. Kim, Frank E. Ritter, and Richard J. Koubek, "An Integrated Theory for Improved Skill Acquisition and Retention in the Three Stages of Learning," *Theoretical Issues in Ergonomics Science* 14, no. 1 (2013): 22–37.

12 Overlearning is a well-studied: James E. Driskell, Ruth P. Willis, and Carolyn Copper, "Effect of Overlearning on Retention," *Journal of Applied Psychology* 77, no. 5 (1992): 615–22, https://psycnet.apa.org/record/1993 –04376–001.

13 One study of algebra students: Harry P. Bahrick and Lynda K. Hall, "Lifetime Maintenance of High School Mathematics Content," *Journal of Experimental Psychology: General* 120, no. 1 (1991): 20–33, http://citeseerx.ist.psu .edu/viewdoc/download?doi=10.1.1.1020.7785&rep=rep1&type=pdf.

14 Rajveer Meena, the Guinness World Record: "Most Pi Places Memorised," Guiness World Records, http://www.guinnessworldrecords.com/world -records/most-pi-places-memorised.

第 11 章　原则 8　直觉：在形成直觉前要深入思考

1 "a magician of the highest caliber": James Gleick, *Genius: The Life and Science of Richard Feynman* (New York: Vintage, 1993), 10.

2 "He's the only guy": Richard P. Feynman and Ralph Leighton, *"Surely You're Joking, Mr. Feynman!": Adventures of a Curious Character* (New York: Random House, 1992), 133.

3 "I happened to know": Ibid., p. 193.

4 "I had a scheme": Ibid., p. 85.

5 In a famous study, advanced PhDs: Michelene T. H. Chi, Paul J. Feltovich, and Robert Glaser, "Categorization and Representation of Physics Problems by Experts and Novices," *Cognitive Science* 5, no. 2 (April 1981): 121–52, https://onlinelibrary.wiley.com/doi/pdf/10.1207/s15516709cog0502_2.

6 Another study, this time: William G. Chase and Herbert A. Simon, "Perception in Chess," *Cognitive Psychology* 4, no. 1 (January 1973): 55–81, http:// citeseerx.ist.psu.edu/viewdoc/download?doi=10.1.1.601.2724&rep=rep1 &type=pdf.

7 Researchers have estimated: Fernand Gobet and Herbert A. Simon, "Expert Chess Memory: Revisiting the Chunking Hypothesis," *Memory* 6, no. 3 (1998): 225–55, https://pdfs.semanticscholar.org/d11f/079a1d6d3147abbb78 68955a6231f4a5ba5b.pdf.

8 "If [he] had said": Feynman and Leighton, *Surely You're Joking, Mr. Feynman!*," 21.

9 Feynman told a story: The work, which won the pair the Nobel Prize,

demonstrated that the universe we live in is not mirror-image symmetrical. That is to say, there are certain physical processes that look different in a mirror version. At the time, it was an enormous surprise to physicists, who had assumed that this symmetry existed. Ibid., 249.

10 One of Einstein's earliest: Walter Isaacson, *Einstein: His Life and Universe* (New York: Simon and Schuster, 2008).

11 "illusion of explanatory depth": Rebecca Lawson, "The Science of Cycology: Failures to Understand How Everyday Objects Work," *Memory & Cognition* 34, no. 8 (2006): 1667–75, http://gearinches.com/misc/science-of-cycology.PDF.

12 Feynman's and Einstein's approach: The artist and designer Gianluca Gimini plays on this concept by designing bicycles that look as people think they ought to (but that of course don't work). You can see some of his creations at gianlucagimini.it/prototypes/velocipedia.html.

13 In one study of this effect: Fergus I. M. Craik and Robert S. Lockhart, "Levels of Processing: A Framework for Memory Research," *Journal of Verbal Learning and Verbal Behavior* 11, no. 6 (December 1972): 671–84, http://wixtedlab.ucsd.edu/publications/Psych%20218/Craik_Lockhart_1972.pdf.

14 Those who processed the words: Thomas S. Hyde and James J. Jenkins, "Differential Effects of Incidental Tasks on the Organization of Recall of a List of Highly Associated Words," *Journal of Experimental Psychology* 82, no. 3 (1969): 472–81, https://people.southwestern.edu/~giuliant/LOP_PDF/Hyde1969.pdf.

15 The Dunning-Kruger effect occurs: Justin Kruger and David Dunning, "Unskilled and Unaware of It: How Difficulties in Recognizing One's Own Incompetence Lead to Inflated Self-Assessments," *Journal of Personality and Social Psychology* 77, no. 6 (December 1999): 1121–34, https://pdfs.semanticscholar.org/e320/9ca64cbed9a441e55568797cbd3683cf7f8c.pdf.

16 "Some people think": Feynman and Leighton, *"Surely You're Joking, Mr. Feynman!,"* 244.

17 I had this uneasy feeling: Ibid., 281.

18 With my textbook at my side: You can view my notes here: https://www.scotthyoung.com/mit/photogrammetry.pdf.

19 To get a better handle: You can view my notes here: https://www.scotthyoung.com/mit/grid-accel.pdf.

20 "I got it down": Ibid., 141.

第 12 章　原则 9　试验：跨出舒适区去探索吧

1 "You started too late": Steven W. Naifeh and Gregory White Smith, *Van Gogh: The Life* (New York: Random House, 2011), 260.

2 "We considered his work": Ibid., 514.

3 sold for more than $82 million: Judd Tully, "$82.5 Million for van Gogh; Jap-

anese Buyer Sets Art Auction Record," http://juddtully.net/auctions/82–5
-million-for-van-gogh-japanese-buyer-sets-art-auction-record/.

4 "devoured these big books": Naifeh and Smith, *Van Gogh*, 214.

5 "Scarcely any color is not gray": Ibid., 333.

6 growth mindset: Carol S. Dweck, *Mindset: The New Psychology of Success* (New York: Random House, 2008).

7 It may also dispel: I had my own experience when trying to write this book. As part of my process, I reread many other books whose style I wanted to emulate. In doing this, a thing that surprised me was that many such books had far fewer citations than I remembered, the "seriousness" of a book being mostly a matter of tone, not of scholarship.

8 Scott Adams, the creator of *Dilbert*: Scott Adams, "Career Advice," Dilbert .Blog, July 20, 2007, http://dilbertblog.typepad.com/the_dilbert_blog /2007/07/career-advice.html.

第 14 章 非常规教育

1 "Grandmasters don't like to lose": The source I've been able to track down seems to be here: Shelby Lyman (02–08–1987), "Younger Sisters Are Also Proficient," *Sunday Telegraph* 1 (45).

2 "three or four great chess prodigies in history": F. Lidz, "Kid with a Killer Game," *Sports Illustrated* 72, no. 6 (1990): 8–8.

3 "She has fantastic chess talent": Ibid.

4 "I was playing the World Champion": *Chess Life* 50, (no. 7–12): 647.

5 "How could you do this to me?": Leonard Barden, "Sweet Revenge for Kasparov's Opponent," *Guardian*, September 11, 2002, https://www.the guardian.com/world/2002/sep/11/3.

6 "I think a girl of her age": Dirk Jan ten Geuzendam, "Finding Bobby Fischer: Chess Interviews by Dirk Jan ten Geuzendam," *Alkmaar, the Netherlands: New in Chess* (1994), 203.

7 "A genius is not born": Peter Maass, "Home-Grown Grandmasters," *Washington Post*, March 1992.

8 "[W]hen I looked at the stories": Linnet Myers, "Trained to Be a Genius, Girl, 16, Wallops Chess Champ Spassky for $110,000," *Chicago Tribune*, February 1993.

9 "Women are able": Patricia Koza, "Sisters Test Male Domination of Chess," *Mohave Daily Miner*, November 1986.

10 "The Polgárs showed": G. K. Kasparov and Mig Greengard, *How Life Imitates Chess: Making the Right Moves, from the Board to the Boardroom* (New York: Bloomsbury, 2008).

11 "Have they been educated": László Polgár, *Raise a Genius!* (Vancouver: self-published, 2007), 97, https://docplayer.net/64270951-Raise-a-genius -by-laszlo-polgar-original-edition-laszlo-polgar-nevelj-zsenit-budapest

-interviewer-endre-farkas.html.

12 "starting from 4–5": Ibid., 33.

13 "play is not the opposite": Ibid., 20.

14 "Following a number": Ibid., 16.

15 "We should make": Ibid., 51.

16 "One thing is certain": Ibid.

17 "one of the most important": Ibid., 36.

18 "opening preparation was not": Judit Polgár, *How I Beat Fischer's Record* (Glasgow: Quality Chess UK Ltd, 2012), 11.

斯科特·H.扬系列作品

1 年完成 MIT4 年 33 门课程的超级学神

ISBN: 978-7-111-59558-8

ISBN: 978-7-111-44400-8

ISBN: 978-7-111-52920-0

ISBN: 978-7-111-52919-4

ISBN: 978-7-111-52094-8